Rund um Innsbruck

Walter Klier

Bergwanderungen rund um Innsbruck

Auswahlführer
für die verschiedenen
Gebirgsgruppen,
die Innsbruck umgeben:
Karwendel, Stubaier Alpen und
Tuxer Voralpen

BERGVERLAG RUDOLF ROTHER GMBH · MÜNCHEN

Umschlagbild:
Der Weiler Sedugg im Oberbergtal

Sämtliche Fotos vom Autor

Kartenskizzen: Gertrude und Wilhelm J. Wagner

Die Ausarbeitung aller in diesem Führer beschriebenen Anstiege und Routen erfolgte nach bestem Wissen und Gewissen des Autors. – Die Benützung dieses Führers geschieht auf eigenes Risiko. – Soweit gesetzlich zulässig, wird eine Haftung für etwaige Unfälle und Schäden jeder Art aus keinem Rechtsgrund übernommen.

Bergverlag Rudolf Rother GmbH, München
1. Auflage 1987
ISBN 3-7633-4106-4

Hergestellt in den Werkstätten der Rudolf Rother GmbH, München
(2162/6218)

Vorwort

Die Tiroler Landeshauptstadt Innsbruck liegt an der Kreuzung der großen Nord-Süd-Verkehrslinie über die Alpen mit einer Ost-West verlaufenden. Rund um die Uhr kann man von der Großstadt im Gebirge aus mit dem Schnellzug alle Teile Europas erreichen, ebenso rollt der internationale Schwerverkehr Tag und Nacht an der Stadt vorbei in Richtung Brenner, Arlberg, Kufstein. Mit dem Auto ist man in zwei Stunden in München, in drei in Verona, in fünf in Zürich oder Wien. Flugverbindungen gibt es, je nach Saison, in mehrere europäische Städte. Unter solchen Umständen hat der Begriff „Umgebung“ einen liebenswert antiquierten Beigeschmack, anders gesagt, das Eingrenzen einer solchen „Umgebung“ für einen Wanderführer wie den vorliegenden, früher durch die geringere Reisegeschwindigkeit, ist problematisch geworden. Ich habe also, etwas willkürlich, eine maximale Entfernung von etwa 40 km beziehungsweise von etwa 45 – 60 Autominuten vom Zentrum von Innsbruck (für die Ausgangspunkte der Wanderungen) zum Kriterium gemacht.
Innsbruck bietet die Möglichkeit (bei vielen Städten dieser Größe undenkbar), zu Fuß aus der Stadtmitte in einer halben Stunde in Wiesen und Wald, in einer Stunde im Gebirge zu sein, nicht zu reden von der Nordkettenbahn, mit der man ebenfalls mitten aus der Stadt in kürzester Zeit auf 2500 m Seehöhe gelangt.
Andererseits lag mir daran, die drei, im Charakter sehr verschiedenen Gebirgsgruppen, die Innsbruck umgeben (also Karwendel im Norden, Stubaier Alpen im Südwesten, Tuxer Voralpen im Südosten), und von diesen wiederum möglichst alle in der näheren Umgebung von Innsbruck gelegenen Täler mit typischen und lohnenden Wanderungen vorzustellen.
Die in diesem Führer behandelte Region ist noch mehr als das restliche Tirol von den Gegensätzen zwischen älteren und neuen Lebensformen geprägt, die auf engstem Raum nebeneinander liegen, Autobahnen, Hochhäuser, Seilbahnen aus dem 20., Eisenbahnlinien und Ausflugsgasthöfe aus dem 19., Schlösser aus dem 17. und Kirchen aus dem 14. Jahrhundert, Almen und Großhotels, und meistens hat man alles auf einen Blick, oder doch im Verlauf eines Tages vor Augen. Von der heilen Welt, die noch vor dreißig Jahren mit einigem Recht vorgegaukelt werden konnte, kann keine Rede mehr sein. Vielmehr haben wir alle Hände voll zu tun, die Reste einer ehemals intakten Kultur- und Naturlandschaft einigermaßen über die Runden zu bringen, deren Begrenztheit und Verletzlichkeit inzwischen vielen klargeworden ist. Wir müssen uns in dieser Landschaft bewußter und vorsichtiger bewegen als unsere romantischen oder rücksichtslosen Vorfahren.

Innsbruck, im Frühjahr 1987 — Walter Klier

Inhaltsverzeichnis

Seite

Vorwort 5
Touristische Hinweise 8
Wissenswertes
Sehenswürdigkeiten 10
Naturschönheiten 12
Ausflugsziele 12
1 Möserer See und Wildmoossee 18
2 Rauher Kopf 20
3 Rietzer Grieskogel 22
4 Seefelder Jöchl und Reither Spitze 24
5 Reith – Leithen – Zirl 26
6 Solsteinhaus und Erlspitze 28
7 Neue Magdeburger Hütte und Hechenberg 30
8 Rauschbrunnen 32
9 Vorderes Brandjoch 34
10 Möslalm 36
11 Bodensteinalm, Höttinger Alm, Umbrüggler Alm 38
12 Goetheweg 40
13 Von der Hungerburg nach Thaur 42
14 Kaisersäule 44
15 Speckkarspitze 46
16 Bettelwurfhütte 48
17 Hinterhornalm 50
18 Hundskopf 52
19 Vomper Loch 54
20 Vomper Joch 56
21 Kaserjoch 58
22 Rangger Köpfl 60
23 Westfalenhaus 62
24 Schafleger 64
25 Salfeins 66
26 Sendersjöchl und Seejöchl 68
27 Kleine und Große Ochsenwand 70
28 Hochtennspitze 72
29 Saile (Nockspitze) 74
30 Pfarrachalm und Kreither Alm 76
31 Kleiner und Hoher Burgstall 78
32 Pinnistal 80
33 Waldraster Jöchl und Gleinser Mähder 82

34 Blaser 84
35 Innsbrucker Hütte und Kalkwand 86
36 Lichtsee und Trunajoch 88
37 Lanser Köpfe 90
38 Von Sistrans nach Rinn 92
39 Der Zirbenweg 94
40 Patscherkofelhaus 96
41 Meißner Haus 98
42 Mölsjoch, Schoberspitzen, Klammjoch 100
43 Naviser Kreuzjöchl 102
44 Tuxer Joch und Tuxer-Joch-Haus 104
45 Glungezer 106
46 Voldertal 108
47 Hippoldspitze 110
48 Halslspitze 112
49 Gilfert 114
50 Kellerjoch 116

Stichwortverzeichnis 118

Touristische Hinweise

Gebrauch des Führers

Das Inhaltsverzeichnis informiert über den Aufbau des Buches und gibt einen Überblick über alle nachstehend beschriebenen Wanderwege. Innerhalb eines Tourenvorschlags findet man wichtige Informationen zunächst in Form eines Steckbriefs. Es folgt eine eingehende Würdigung, sodann eine kurze Beschreibung des entsprechenden Weges. Ergänzt wird der Text durch eine mehrfarbige Wanderkarte mit eingezeichneter Route und ein Farbbild. Wichtiger Bestandteil des Führers ist das Stichwortverzeichnis am Schluß. Hier sind alle behandelten Berggruppen, Talorte, Ausgangspunkte, Stützpunkte und Tourenziele angeführt. Es bereitet daher keine Schwierigkeit, je nach eigenem Standort verschiedene Wandermöglichkeiten nachzuschlagen. Schließlich informiert eine Übersichtskarte über die Lage der behandelten Tourengebiete.

Schwierigkeit

Alle in diesem Führer beschriebenen Wege sind leicht und können mit festen Schuhen ohne vorbereitendes Training begangen werden. Trittsicherheit und Schwindelfreiheit sind jedoch an mehreren Routen erforderlich!

Gefahren

Obwohl sämtliche hier angeführten Wanderungen gebahnten Wegen oder Straßen folgen, ist an einzelnen abrutschbereiten Stellen, bei Querung steiler Hänge oder im steinschlaggefährdeten Gelände Vorsicht am Platze.

Ausrüstung

Feste Schuhe mit Profilgummisohle, Kniebundhose sowie Rucksack mit Pullover, Regenschutz, Anorak und kleinerem Tourenproviant (Wasserflasche!) sind Voraussetzung.

Karten

Die den einzelnen Wandervorschlägen beigegebenen, mehrfarbigen Karten mit Routeneintragungen sind ein wesentlicher Bestandteil des Führers. Mit ihnen erübrigt sich die Mitnahme anderer Wander- und Spezialkarten.

Gehzeiten

Zeitangaben sind zwar reichlich bemessen, enthalten jedoch nur die *reine* Gehzeit. Es werden Anstiegs-, Abstiegs- und Gesamtgehzeit vermerkt. Bei Rundwanderungen oder längeren Touren sind auch Zeiten für einzelne Etappen angeführt.

Schutzhütten, Gaststätten, Restaurants

Im Abschnitt „Einkehrmöglichkeiten“ findet man alle an einer Wanderroute gelegenen, zur Sommerzeit geöffneten Stützpunkte. Der Großteil ist bis Ende September bewirtschaftet, jedoch schwanken die Schließungstermine stark je nach der Wetterlage, man erkundige sich also besser im Tal. Bei Gastwirtschaften an oder in der Nähe von Lift-Bergstationen stimmen die Bewirtschaftungszeiten häufig mit den Betriebszeiten der jeweiligen Bergbahn überein.

Künstliche Aufstiegshilfen

Von Stützpunkten, die mit Seil- oder Sesselbahn erreichbar sind, werden einige Wanderungen im Abstieg beschrieben. Man beachte, daß diese Anlagen oft nur während der Sommermonate Juli, August und September in Betrieb sind. In der übrigen Zeit können solche Tourenziele bzw. Ausgangspunkte nur zu Fuß erreicht werden.

Abkürzungen

bew.	=	bewirtschaftet	m	=	Meter
bez.	=	bezeichnet	Min.	=	Minuten
ganzj.	=	ganzjährig geöffnet	P	=	Parkplatz
			Pkw	=	Personenkraftwagen
Ghf.	=	Gasthof	Std.	=	Stunden
Ghs.	=	Gasthaus	vgl.	=	vergleiche
km	=	Kilometer			

Wissenswertes

Sehenswürdigkeiten

Innsbruck, 574 m, Besiedlung seit vorgeschichtlicher Zeit, römisches Fort Veldidena (beim heutigen Wilten), Stadterhebung 1239, war unter den Habsburgern zeitweise Residenzstadt, von da stammt auch ein großer Teil der sehenswerten Baudenkmäler, hier angeordnet in der Reihenfolge eines Rundgangs durch die Stadtmitte: Triumphpforte – Maria-Theresien-Straße – Annasäule – Goldenes Dachl – Dom (Madonnenbild von Lukas Cranach) – Rennweg mit Hofburg, Hofgarten, Landestheater, Kongreßhaus, Leopoldsbrunnen, Volkskunstmuseum, Hofkirche, in dieser die berühmten „Schwarzen Mander", das Grabmal Kaiser Maximilians I. und die Silberne Kapelle. An der Kettenbrücke im Norden der Stadt das merkwürdige Riesenrundgemälde mit einer 1000 m^2 großen Darstellung der Bergiselschlacht von 1809, aus dem späten 19. Jahrhundert, ein kurioser Cinemascope-Vorläufer. Die Stadt besitzt ein lebendiges Kulturleben mit Theater, Kabarett, Konzerten verschiedener Stilrichtungen usf.
Die am nördlichen Innufer gelegenen Stadtteile Mariahilf, St. Nikolaus (hier war die älteste Ansiedlung im Mittelalter) und Hötting (ehemals ein eigenes Dorf am Sonnenhang über der Stadt) sind in ihrem Ensemble wohl der malerischste und originellste Teil der Tiroler Landeshauptstadt (oberhalb der sehenswerte Alpenzoo). Die Wiltener Basilika ist eine der schönsten Kirchen Tirols, 1754 fertiggestellt nach Plänen von Franz de Paula Penz. Gegenüber das Prämonstratenserstift Wilten mit der barocken Stiftskirche, 1651—1665 erbaut.

Seefeld, 1175m, bekannter Wintersport- und Sommerfrischort, 20 km von Innsbruck; mit gotischer Pfarrkirche aus dem 15. Jahrhundert; am westlichen Ortsrand das Seekirchlein aus dem Jahr 1628, eins der beliebtesten Fotomotive von Tirol.

Hall in Tirol, 574 m, früher Solbad Hall, 10 km östlich von Innsbruck im Inntal; seit dem 13. Jahrhundert Salzbergbau, wodurch Hall jahrhundertelang eine der größten und reichsten Städte des Landes war. Der Bergbau wurde 1967 aufgelassen (vergleiche auch Wanderungen 15, 16). Hall besitzt die größte und vielleicht schönste Altstadt in Nordtirol, in den letzten Jahren in großen Teilen restauriert. Pfarrkirche St. Nikolaus (13. Jahrhundert), Magdalenenkapelle mit dem größten gotischen Fresko Tirols, oberer Stadtplatz mit dem Rathaus, Stiftsplatz mit der barocken Stiftskirche. Auch als Aufführungsort für alte und moderne Musik hat sich Hall einen Namen gemacht (Galerie St. Barbara).

Blick vom westlichen Innufer auf die Innsbrucker Altstadt.

Schwaz, 539 m, einst sehr reiche Bergwerksstadt; im 15. Jahrhundert größter Silberbergbau Europas. Die sehenswerten Bauten der Altstadt stammen aus dieser Zeit: Marienkirche, Franziskanerkloster mit Kreuzgang, Fuggerhaus (die Habsburger hatten den Bergbau an das Handelshaus Fugger verpfändet).

Stams, 671 m, im Oberinntal 35 km westlich von Innsbruck, altes Zisterzienserstift, herrliche barocke Stiftskirche mit der Tiroler Fürstengruft, reiche Kunstschätze, Bibliothek. Die gepflegten Klosteranlagen, Alleen und Hecken zeugen von alter Kulturarbeit. Skigymnasium Stams, moderner Schulbau in anregendem Kontrast zur alten Klosterfassade.

Matrei am Brenner, 992 m, Marktgemeinde an der alten Brennerstraße, die seit römischer Zeit von hier am östlichen Talhang über Pfons und Ellbögen ins Inntal führt. Malerische Hauptstraße mit alten Gasthöfen.

Maria Waldrast, 1641 m, der schönste Wallfahrtsort des gesamten Gebiets, vergleiche Wanderung 33.

Steinach am Brenner, 1074 m, der zweite größere Ort im Wipptal auf Nordtiroler Seite, im Charakter Matrei sehr ähnlich, Straßendorf mit alten Gasthöfen.

Neustift im Stubaital, 993 m, größte Hallenkirche Tirols, schöner alter Friedhof mit dem Grab des „Gletscherpfarrers" Franz Senn, einem der Begründer des Alpenvereins.

St. Jakob, 1304 m, romanisches Kirchlein oberhalb von Gries am Brenner, auf weithin sichtbarem Hügel über der Brenner-Autobahn.

Mauern, 1137 m, uralte Ansiedlung, Dörfchen östlich auf Wiesenterrasse über Steinach, romanische Kirche, worin die Einheimischen gerne heiraten.

Naturschönheiten

Sillschlucht, im Süden Innsbrucks, hier hat sich die Sill bei ihrem Austritt in das Inntal eingegraben. Von der Endstation der Straßenbahnlinie 1 beim Stift Wilten in wenigen Minuten erreichbar. Hinter der Eisenbahnunterführung gleich rechts ab, unter der Autobahn durch und auf gutem Weg in die Schlucht.

Mischbachwasserfall, im Stubaital südlich über dem Weiler Volderau, auf Steig von Volderau in 20 Minuten.

Grawa-Wasserfälle, einer der imposantesten Wasserfälle in Tirol, gegenüber der gleichnamigen Alm im hinteren Stubaital; die Alm liegt an der Talstraße zur Mutterbergalm.

Obernberger See, 1590 m, in einmaliger Lage, von Wald und Bergen umsäumt, im hintersten Obernbergtal, vom Gasthof Waldesruh in 30 Minuten auf breitem Weg.

Gleinser Mähder, auf knapp 1800 m zwischen Wipptal und Stubaital gelegen, botanisch hochinteressant (Hochmoor, Alpenflora, lichte Lärchenwälder); im Zuge von Wanderung 33 beschrieben.

Ehnbachklamm und *Schloßbachklamm,* zwei wilde Schluchten, die bei Zirl aus dem Massiv des Karwendelgebirges in das Inntal treten, auf Steiganlagen von Zirl zu begehen.

Wolfsklamm, eine wilde Schlucht oberhalb von Stans, mit dem Kloster St. Georgenberg (Wanderung 21). Steiganlage von Stans.

Ausflugsziele

Hier folgen eine Aufstellung und kurze Beschreibungen der schönsten Ausflugsziele, die man bei einem Spaziergang oder ganz ohne Fußmarsch erreichen kann. Es handelt sich dabei um Aussichtspunkte, die einen informativen Überblick erlauben oder die die großen Berge in ihrer Schönheit

Zirben an der Waldgrenze (Glungezergebiet).

besonders eindrucksvoll zeigen. Oft stehen Berggasthäuser an diesen Aussichtsplätzen, und man kann dann den Rundblick in aller Gemütlichkeit bei einer Tasse Kaffee oder einem Bier genießen.

Ausflüge in und um Innsbruck

Schloß Büchsenhausen, Villa Blanka, Schloß Weiherburg und *Alpenzoo,* über dem Stadtteil St. Nikolaus (Buslinie K); von der Alten Innbrücke zu Fuß in ½ Std.

Arzl, 642 m, eingemeindetes Dorf östlich von Mühlau, Autostraße von Innsbruck-Kettenbrücke, auf einem auffallenden Moränenhügel südlich über dem Dorf das schmucke kleine Kalvarienkirchlein. Spazierwege zum ehemaligen Gasthof Schönblick und weiter zum Rechenhof (vergleiche Wanderung 13).

Thaur, 633 m, seit ältester Zeit besiedelter Platz, romanische St.-Ulrichs-Kapelle mit St.-Afra-Hof, gotische Pfarrkirche, Virgilkirche, altes Gerichtsgebäude, Schloßruine Thaur und Romedikirchlein oberhalb des Dorfes (vergleiche Wanderung 13).

Bergisel, bewaldeter Kopf südlich von Innsbruck, oberhalb von Wilten, Schauplatz der Tiroler Freiheitskämpfe von 1809, kleines Museum, Restaurant, Skisprungschanze, Austragungsort der Olympischen Winterspiele 1964 und 1976. Zufahrt von der Brennerstraße beim Gasthof Ferrarihof; zu Fuß von Wilten in 15 Minuten.

Lanser See, Mühlsee, Herzsee, kleine Seen auf dem südlichen Mittelgebirge nahe den Dörfern Igls, Lans und Aldrans. Der Lanser See ist ein beliebter Badesee (vergleiche Wanderung 37).

Schloß Ambras, 654 m, südöstlich von Innsbruck nahe der Endstation der Straßenbahnlinie 3, Kuriositätenkabinett aus dem 17. Jahrhundert (vergleiche Wanderung 37).

Der Planötzenhof bei Innsbruck.

Im Senderstal.

Ausflüge in der weiteren Umgebung von Innsbruck

Ruine Fragenstein, Burgruine nahe der Zirlerbergstraße oberhalb von Zirl, von Zirl 1/2 Std.

Martinswandgrotte, künstlich erweiterte Felshöhle an der Martinswand, Schnitzarbeit, Gedenken an den Kaiser Maximilian I., der sich hier 1484 bei der Gemsenjagd verstiegen hatte und erst nach drei Tagen durch einen Engel, nach anderen Quellen durch einen Zirler Wilderer gerettet wurde. Der Weg zur Grotte ist mit Seilen gesichert. Trittsicherheit erforderlich. 1 Std. von Zirl, über den Weinhof am östlichen Ortsende.

Halltal, siehe Wanderungen 15, 16.

Gnadenwald, 890 m, aus schönen Weilern und Einzelhöfen bestehende

Streusiedlung auf dem Mittelgebirge über Hall, Autostraße von Hall über Absam-Eichat, schöne Spaziergänge, vergleiche auch Wanderungen 17, 18. Am Südrand des Plateaus über Fritzens liegt die Thierburg, ein altes Kastell mit schönen Wandmalereien.

Stift Fiecht, 770 m, Benediktinerkloster, 1706 erbaut, Fahrstraße von Fiecht, mit Auto von Vomp oder Stans.

St. Georgenberg, 917 m, siehe Wanderung 21.

Eichhof, 841 m, schön gelegener Ausflugsgasthof auf dem Mittelgebirge südwestlich über Innsbruck; mit Auto Zufahrt von Natters über das Landeskrankenhaus.

Adelshof, 1315 m, auf einer Geländeschulter über dem Dorf Axams, an der Straße in die Axamer Lizum in herrlicher Lage.

Stiglreith, 1363 m, in aussichtsreicher Höhe über Oberperfuß, von dort auf schmaler, aber gut asphaltierter Bergstraße; Ausgangspunkt für Wanderung 22. Panoramarestaurant und Jausenstation.

Rotenbrunn, 1105 m, Weiler an der Straße von Grinzens nach Sellrain, altes Eisenbad, Gasthof.

Lisens, 1634 m, am Ende der Fahrstraße ins Lisenstal (von Gries im Sellrain), alter Gasthof mit Kapelle und Almwirtschaft, seit dem 12. Jahrhundert im Besitz des Stifts Wilten; Ausgangspunkt für die Wanderung 23.

Kühtai, 2017 m, und *Dortmunder Hütte,* 1949 m, moderne Hotelsiedlung auf dem Sattel zwischen Nedertal und Sellraintal, auf guten Straßen von beiden Seiten erreichbar.

Scheipenhof, 1139 m, Gasthof auf den sonnigen Lärchenwiesen über Raitis (bei Mutters), auf dem Weg zur Raitiser Alm; auf Fahrweg erreichbar.

Koppeneck, 1625 m, und *Ochsenhütte,* 1600 m, Gastwirtschaften an und nahe der Bergstation des Serlesliftes von Mieders; die Talstation befindet sich am südwestlichen Ortsausgang an der alten Straße, vergleiche Wanderung 33.

Froneben, 1338 m, Gasthof über Fulpmes, wenige Minuten unterhalb der gleichnamigen Mittelstation der Schlicker Lifte von Fulpmes; Talstation über dem Dorf am Waldrand.

Bärenbad, 1248 m, Alpengasthof im mittleren Oberbergtal, auf Fahrstraße von Milders (bei Neustift) erreichbar.

Ranalt, 1303 m, die letzte kleine Ortschaft im Stubaital, an der gut ausgebauten Talstraße zur Stubaier Gletscherbahn, Gastbetriebe.

Im Gebiet der Aspachhütte an der Nordkette bei Innsbruck.

Maria Waldrast, 1641 m, Alpengasthof im Gebäude des alten Wallfahrtsklosters (vergleiche Wanderung 33); von Matrei über Mützens auf Mautstraße. Von der Bergstation des Serleslifts auf ebenem Waldweg in 30 Minuten.

Heiligwasser, 1234 m, Gasthof nahe der Mittelstation der Patscherkofelbahn, von Igls oder Patsch zu Fuß in 1 Std.

Lans, 867 m, hübsch gelegenes kleines Dorf auf dem südlichen Mittelgebirge, empfehlenswerte Gastronomie (Wilder Mann, Traube, Isserwirt).

Wiesenhof, Ausflugsgasthof an der Straße zwischen Sistrans und Rinn, vergleiche Wanderung 38; Gasthof Judenstein, 907 m, kurz nördlich von Rinn, auf Fahrstraße von dort.

Windegg, 1216 m, Gasthof, schön gelegen am nördlichen Ausläufer des Glungezer, von Tulfes auf Fahrstraße.

Kolsaßberg, Streusiedlung am Eingang des Weertals über Kolsaß, auf Autostraße von Kolsaß. Gasthof Jägerhof.

Grafenast, 1330 m, an der Mittelstation der Kellerjochbahn von Schwaz, zu Fuß von Schwaz über das Schloß Frundsberg 2 Std. Fahrstraße von Pill oder Schwaz über Hochpillberg.

Gallzein, 800 m, Bauerndorf aus verstreut liegenden Weilern und Höfen, in schöner Lage über dem Inntal. Straße von Schwaz (Abzweigung am östlichen Ortsausgang), lohnende Wanderung von Schwaz über Kogelmoos nach Gallzein.

1 Möserer See und Wildmoossee

Die Seefelder Seenrunde

Seefeld — Möserer See — Lottensee — Wildmoossee — Wildmoosalm — Seefeld

Talort: Seefeld, 1180 m, an der Bundesstraße Innsbruck-Scharnitz, traditionsreicher Sommer- und Winterferienort, neuerdings im Winter Zentrum des Langlaufsports. Über die Seefelder Senke führte bereits zur Römerzeiit eine ausgebaute Nord-Süd-Verkehrsverbindung.
Ausgangspunkt: Südlicher Ortsrand, wo die Umfahrungsstraße Richtung Leutasch / Mösern abzweigt.
Parkmöglichkeit: An der Straße.
Gehzeiten: Seefeld — Möserer See 1½ Std., Weiterweg zum Wildmoossee 1 Std., zurück nach Seefeld 1 Std.
Anforderungen: Bequeme Spaziergänge auf gut gebahnten und beschilderten Waldwegen.
Höchste Punkte: Möserer See, 1284 m, Wildmoossee 1316 m.
Einkehrmöglichkeiten: Mehrere Gaststätten in Mösern; Ghf. Wildmoosalm.
Sehenswertes: Die von lichten Lärchenwäldern und weiten Wiesenböden umrahmten kleinen Seen vor dem Hintergrund des Wettersteingebirges, des Karwendels und der Stubaier Alpen.

Das teilweise bewaldete Plateau zwischen Seefeld, Mösern und Leutasch hat seit den Olympischen Winterspielen 1964 eine ziemliche Berühmtheit als schönstes Nordtiroler Langlaufgebiet erlangt. In der schneefreien Jah-

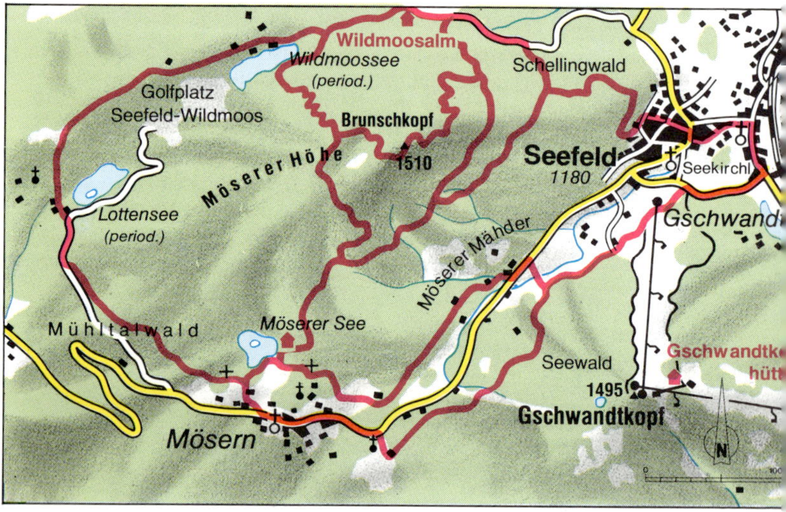

Das Dorf Mösern gegen die Kalkkögel.

reszeit bietet die Runde über die Seen eine ebenso bequeme wie abwechslungsreiche Wanderung. Der Wildmoossee, ein Naturphänomen, tritt nur alle paar Jahre auf und verschwindet dann wieder.

Von Seefeld nach Mösern: Vom südlichen Ortsrand geht man auf gutem markiertem Weg südlich der neuen Umfahrungsstraße vorbei an den hier massiert auftretenden Sport-Installationen (Freizeitzentrum, Gschwandtkopflift, Langlauf-Start- und Zielgelände, Sprungschanze) am bewaldeten Nordabhang des Gschwandtkopfs meist durch lichten Wald nach Südwesten, bis man bei einer alten Kapelle die freie Höhe über dem Inntal erreicht. Hier rechts ab und kurz zu dem kleinen Fremdenort Mösern. Der See (dort zeitweise geöffnetes Gasthaus) liegt nördlich oberhalb im Wald.

Weiterweg über die Seen: Das ganze Gebiet ist mit einem dichten und gut markierten Wegnetz überzogen, so daß man die angegebene Wanderung beliebig variieren kann. Vom Möserer See geht man stets über der Höhe des Inntals nordwestlich zum Lottensee, der ebenfalls nur periodisch auftritt, von hier wendet man sich in weitem Bogen nach Osten über Wildmoossee und das Gasthaus Wildmoosalm (ebenfalls mit Pkw erreichbar), bis man zuletzt durch den dichteren Wald wieder nach Seefeld absteigt.

2 Rauher Kopf, 2303 m

Von Flaurling in die Sellrainer Berge

Flaurling — Ram (Flaurlinger Berg) — Schwaighof — Widdersberg — Flaurlinger Joch — Rauher Kopf — Flaurlinger Alm — Flaurling

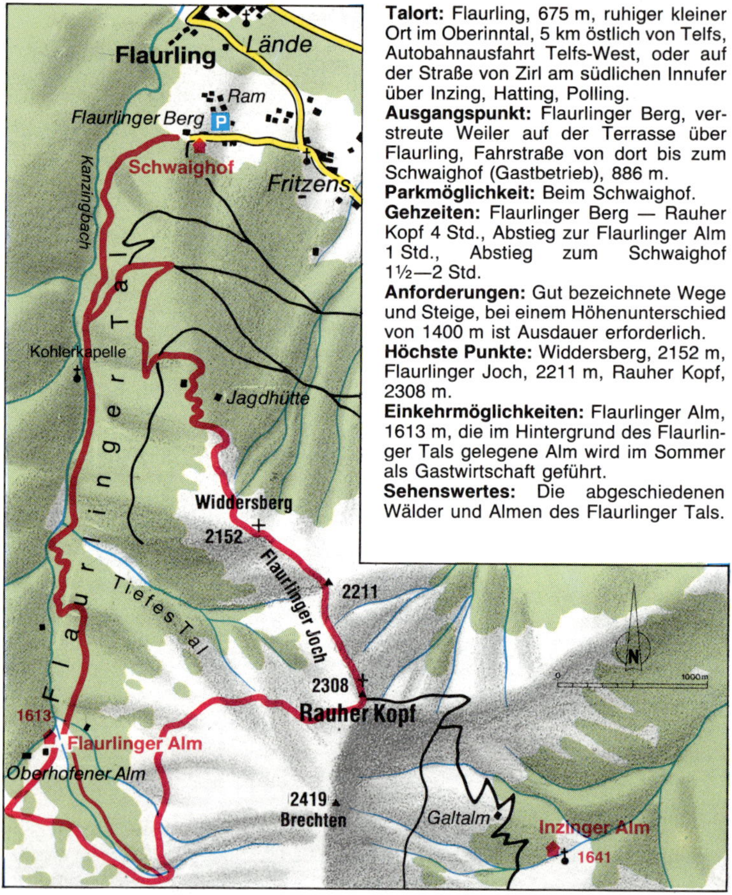

Talort: Flaurling, 675 m, ruhiger kleiner Ort im Oberinntal, 5 km östlich von Telfs, Autobahnausfahrt Telfs-West, oder auf der Straße von Zirl am südlichen Innufer über Inzing, Hatting, Polling.
Ausgangspunkt: Flaurlinger Berg, verstreute Weiler auf der Terrasse über Flaurling, Fahrstraße von dort bis zum Schwaighof (Gastbetrieb), 886 m.
Parkmöglichkeit: Beim Schwaighof.
Gehzeiten: Flaurlinger Berg — Rauher Kopf 4 Std., Abstieg zur Flaurlinger Alm 1 Std., Abstieg zum Schwaighof 1½—2 Std.
Anforderungen: Gut bezeichnete Wege und Steige, bei einem Höhenunterschied von 1400 m ist Ausdauer erforderlich.
Höchste Punkte: Widdersberg, 2152 m, Flaurlinger Joch, 2211 m, Rauher Kopf, 2308 m.
Einkehrmöglichkeiten: Flaurlinger Alm, 1613 m, die im Hintergrund des Flaurlinger Tals gelegene Alm wird im Sommer als Gastwirtschaft geführt.
Sehenswertes: Die abgeschiedenen Wälder und Almen des Flaurlinger Tals.

Der Rauhe Kopf ist eine unauffällige Erhebung in dem langen, flach nach Süden zur Peiderspitze ziehenden Kamm, der als Brechten bezeichnet wird, im Winter eine beliebte Skitour. Der eigentliche Brechten, wie Widdersberg und Rauher Kopf mit einem Kreuz geschmückt, ist ebenfalls eine undeutliche Erhebung in dem Kamm, 100 m höher und etwas südlich vom Rauhen Kopf. Die nördlichen Sellrainer Berge sind besonders im Herbst ein ausgesprochen lohnendes Wandergebiet, das mangels großer Attraktionen, Seilbahnen und dergleichen niemals überlaufen ist.

Aufstieg zum Rauhen Kopf: Vom Schwaighof auf der Talstraße in das enge, bewaldete Flaurlinger Tal, nach 30 Minuten zweigt nach links ein Forstweg ab und von diesem bald nach rechts der bezeichnete Steig, der zunächst durch Wald, später über freie Höhen auf den Kamm emporführt, aus dem die erwähnten Gipfel nur unwesentlich aufragen. Der Rauhe Kopf ist Kreuzungspunkt der Steige und Wege von Flaurling, der Flaurlinger Alm, dem Rangger Köpfl, der Inzinger Alm und dem Archbrand.

Rückweg über die Flaurlinger Alm: Der Weg führt über der Waldgrenze nach West und Südwest hinein in das hinterste Flaurlinger Tal, wobei man zuerst das kleine Seetal ausgeht und dann nach rechts absteigend über die Oberhofener zur Flaurlinger Alm gelangt. Von hier auf dem Talweg auswärts zum Schwaighof.

Blick auf Flaurling und Flaurlinger Berg von Norden.

3 Rietzer Grieskogel, 2884 m

Aussichtsreicher Gipfel über dem mittleren Oberinntal

Rietz — Peter-Anich-Hütte — Rietzer Grieskogel — Peter-Anich-Hütte — Rietz

Talort: Rietz, 665 m, Ortschaft am südlichen Innufer wenig westlich von Telfs, Autobahnausfahrt Telfs-West.
Ausgangspunkt: Zufahrt von Rietz auf Waldstraße (Forstweg) vom südlichen Ortsausgang in Richtung Peter-Anich-Hütte bis auf ca. 1600 m gestattet.
Parkmöglichkeit: Beschränkte Parkmöglichkeit auf 1600 m an der Forststraße.
Gehzeiten: Parkplatz — Peter-Anich-Hütte 1 Std., Peter-Anich-Hütte — Rietzer Grieskogel 2½—3 Std., Abstieg zum Parkplatz 2½ Std. Zu Fuß von Rietz oder Pfaffenhofen zur Hütte 3½—4 Std.
Anforderungen: Zur Hütte guter Weg; danach bezeichneter Steig.
Höchster Punkt: Rietzer Grieskogel, 2884 m.
Einkehrmöglichkeit: Peter-Anich-Hütte (nach dem Tiroler Kartografen benannt, vgl. Wanderung 22), Anfang Juli bis Mitte September bew.; Jeepverkehr zur Hütte.
Sehenswertes: Der am nördlichsten Eck der Sellrainer Berge (und damit der Stubaier Alpen) gelegene Rietzer Grieskogel bietet großartige Rundsicht; er ist einer der meistbesuchten Berge der Gruppe.

Zu allen Jahreszeiten, und sowohl von Süden aus dem Kühtai wie von Norden, vom Oberinntal aus, wird der Rietzer Grieskogel gerne bestiegen. Der

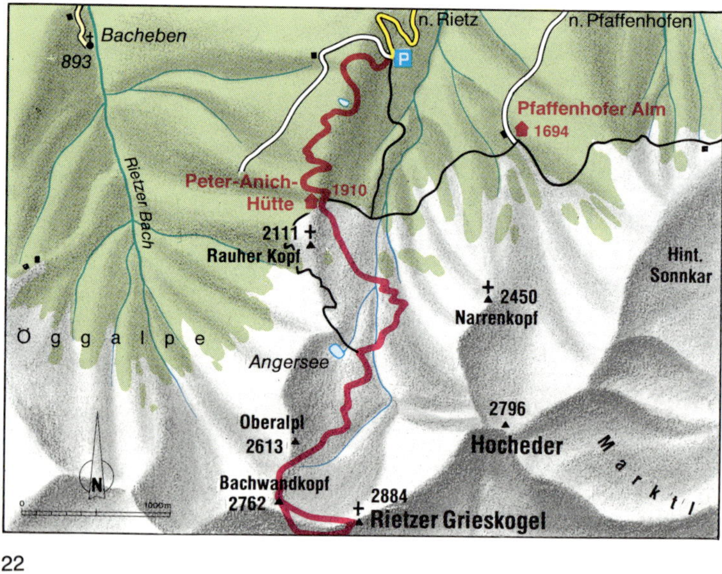

In den Zirbenwäldern der Nördlichen Sellrainer Berge.

schöne trapezförmige Gipfel ist der Hausberg der Peter-Anich-Hütte, die auf 1900 m in bereits aussichtsreicher Lage über dem Talkessel von Telfs steht (im Besitz der AV-Sektion Touristenklub Innsbruck).

Von Rietz zur Hütte: Von der Dorfmitte nach Süden aufwärts bis zu den letzten Häusern, wo sich der Fahrweg im Wald nach Osten wendet und weiter im Wald in Kehren auf etwa 1600 m führt, wo man das Auto abstellt. Kurz darauf mündet der von Pfaffenhofen (bei Telfs) heraufführende Weg ein. Man folgt dem Almweg weiter (Markierung Nr. 153) und gelangt in einer guten Stunde zur Hütte.

Aufstieg zum Rietzer Grieskogel: Die Bezeichnung 153 wird beibehalten. Man steigt über die freien Hänge der Unteren und der Oberen Seebenalm bis gegen den kleinen Kopf des Oberalpls, 2613 m, und weiter südwärts empor auf den Bachwandkopf, 2762 m, einen unscheinbaren Gipfel im Westgrat des Grieskogels, der auch an der Ostseite umgangen werden kann. Weiter stets am Grat nach Osten auf den Rietzer Grieskogel. Bei Umgehung des Bachwandkopfes spart man etwa 45 Min.

Der Abstieg erfolgt auf gleichem Weg.

4 Seefelder Jöchl, 2064 m, Reither Spitze, 2373 m

Aussichtspunkt am Südwesteck des Karwendelgebirges

Seefeld — Harmeler — Reither Spitze — Nördlinger Hütte — Seefeld (oder Reith bei Seefeld)

Talort: Seefeld, 1180 m, vgl. Wanderung 1; Standseilbahn zur Roßhütte, 1751 m, Gondelbahn zum Harmeler Kopf, 2223 m.
Ausgangspunkt: Bergstation der Gondelbahn auf 2100 m.
Parkmöglichkeit: An der Seilbahn-Talstation.
Gehzeiten: Seilbahn-Bergstation — Reither Spitze 30 Min., Abstieg zur Nördlinger Hütte 15 Min., Abstieg nach Seefeld 2 Std., nach Reith 2 Std.
Anforderungen: In der Gipfelregion gut bezeichnete und erhaltene Steige, weiter unten zum Teil Almwege.
Höchste Punkte: Seefelder Jöchl, 2064 m, Reither Spitze, 2373 m, Nördlinger Hütte, 2238 m.
Einkehrmöglichkeiten: Roßhütte (Seilbahn-Mittelstation), 1751 m, Nördlinger Hütte, 2238 m, von Pfingsten bis Mitte Oktober bew.
Sehenswertes: Schöne Fernsicht auf Wettersteingebirge und Stubaier Alpen.

Aufstieg zur Reither Spitze: Diese Wanderung gehört zum immer beliebteren Typus jener, bei denen eine Seilbahn die Hauptarbeit des Aufstiegs übernimmt. Im vorliegenden Fall wird man also zunächst in einen Schwung auf 1751 m und in einem zweiten auf 2100 m befördert. Die restlichen 200 Höhenmeter auf den Gipfel der Reither Spitze (über Harmeler, 2223 m, und Reither Joch, 2197 m) sind auf dem guten Steig rasch bewältigt.

Auf dem Kamm zwischen Seefelder Jöchl und Reither Spitze.

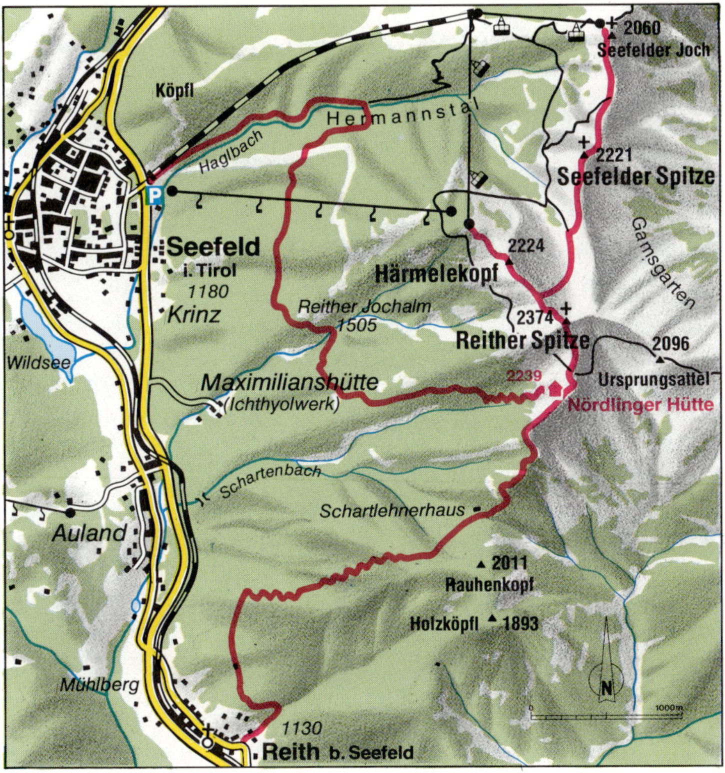

Wer die Wanderung in der Gipfelregion etwas ausdehnen will, nimmt von der Roßhütte die linke Gondelbahn auf das Seefelder Jöchl, 2064 m, von dem man in etwa 1½ Std. auf gut ausgebauten Steigen durch das Reither Kar aufs Reither Joch und zur Reither Spitze gelangt.

Abstieg: Von der Reither Spitze steigt man nach Süden in wenigen Minuten zu der aussichtsreich gelegenen Nördlinger Hütte ab. Der Abstiegsweg führt weiter über den freien Rücken nach Süden, wo er sich knapp unterhalb der Hütte teilt. Nach rechts gelangt man über die Reither-Joch-Alm zurück nach Seefeld und zur Seilbahn-Talstation; wer nicht dorthin zurück muß, kann nach Südwesten, vorbei an dem ehemaligen Gasthaus Schartlehner, nach Reith bei Seefeld absteigen.

5 Reith — Leithen — Zirl

Wanderung im sonnigsten Winkel des Inntals

Reith bei Seefeld — Leithen — Hochzirl — Kalvarienberg — Zirl

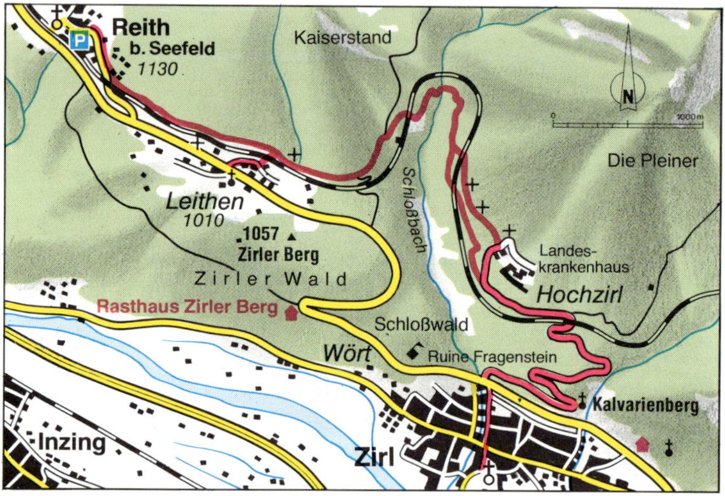

Talort: Reith bei Seefeld, 1130 m, Bauern- und Fremdenort in sonniger Lage zwischen Seefelder Senke und Inntal, wo von Zirl über den Zirler Berg die Bundesstraße heraufzieht. Postautoverbindung von Zirl; Bahn (Mittenwaldbahn) von Hochzirl (für den Rückweg).
Ausgangspunkt: Ortsmitte von Reith (die Bahnstation befindet sich am nordwestlichen Ortsende, Richtung Seefeld).
Parkmöglichkeit: In Reith.
Gehzeiten: Reith — Leithen ½ Std., Leithen — Hochzirl 1½ Std., Hochzirl — Zirl ½ Std.
Anforderungen: Bequeme, insgesamt fallende Wanderung auf breiten Waldwegen, besonders schön an sonnigen Herbst- und Spätherbsttagen.
Höchster Punkt: Reith, 1130 m.
Einkehrmöglichkeiten: In Reith und Zirl mehrere Gaststätten, ebenso in Leithen, das man aber nicht unmittelbar berührt.
Sehenswertes: Das Zirler Kalvarienberg-Kirchlein von 1740 mit alter Einsiedelei und einer Kreuzigungskapelle mit drastischen Darstellungen vom Leiden unsres Herrn aus dem mittleren 19. Jahrhundert; malerisch auf einer Felsklippe zwischen Inntal und der Ehnbachklamm gelegen.

Für stille, etwas neblige Herbsttage ist zu hoffen, daß der allgemeine Verkehrslärm, der heutzutage das Inntal ausfüllt, so weit nachläßt, daß diese Wanderung etwas vom Reiz dieses Nordtiroler Sonnenwinkels mitteilt, wo bei Zirl sogar Wein angebaut wird, der in einer Zeit der Rückkehr zu natursauren Sorten vielleicht wieder etwas Aufschwung nimmt.

Von Reith nach Leithen: Der Waldweg beginnt südöstlich kurz außerhalb von Reith an der Zufahrtsstraße von der Bundesstraße aus Richtung Leithen, gleich oberhalb der Bahnunterführung. Er führt sodann parallel zur Bahn stets fallend bis zu den Wiesen oberhalb von Leithen. Von hier auf der Fahrstraße in wenigen Minuten abwärts zum Ort Leithen (einige alte Häuser mit schönen Wandmalereien).

Weiterweg nach Zirl: Entweder in Fortsetzung des Waldweges oder von Leithen über die Wiesen und Felder ostwärts ansteigen und wieder über die Bahn auf den Fahrweg, dem man folgt, bis er sich bei einem Marterl „Bei unserer Frau“ gabelt. Man folgt dem rechts abgehenden Fußweg, der nordwärts zunächst eben, dann in Kehren abwärts in die Schloßbachklamm führt (oberhalb die Brücke der Karwendelbahn). Jenseits wiederum steil in Kehren empor und talaus auf dem oberen Weg nach Hochzirl (Landeskrankenhaus und Bahnstation). Abwärts auf der schmalen Fahrstraße, deren Kehren man auf Fußwegen abkürzen kann, vorbei am Zirler Kalvarienberg hinunter ins Tal, unter der den oberen Rand von Zirl verunstaltenden Umfahrungsstraße durch und zur Ortsmitte.

Das Zirler Kalvarienberg-Kirchlein von der Fahrstraße nach Hochzirl.

6 Solsteinhaus, 1805 m, und Erlspitze, 2404 m

Aussichtsreicher Kalkgipfel über wilden Felstürmen

Hochzirl — Solnalm — Solsteinhaus — Erlspitze und zurück

Talort: Hochzirl, 922 m, Bahnstation der Karwendelbahn, auf schmaler, gut ausgebauter Fahrstraße von Zirl erreichbar; Abzweigung von der Umfahrungsstraße am nordwestlichen Ortsrand beim Ghf. Fragenstein.
Ausgangspunkt: Hochzirl.
Parkmöglichkeit: Beim Bahnhof; die Zufahrt auf dem Forstweg bis zur Materialseilbahn ist geduldet; nur robusten Pkw anzuraten. Abzweigung des Fahrweges kurz vor Hochzirl. An der Talstation der Materialseilbahn beschränkte Parkmöglichkeit, an Wochenenden oft problematisch.
Gehzeiten: Hochzirl — Solsteinhaus 2½ Std., von der Materialseilbahn 1 Std., Solsteinhaus — Erlspitze 1½–2 Std. Abstieg gesamt nach Hochzirl 3 Std.
Anforderungen: Bis zur Hütte breiter, gut bezeichneter Almweg. Zur Erlspitze bezeichneter Steig, an einer Stelle Drahtseilsicherung. Trittsicherheit und gutes Schuhwerk erforderlich.
Einkehrmöglichkeiten: Solsteinhaus, von Mitte Mai bis Mitte Oktober.
Sehenswertes: Die eindrucksvollen Kalkformationen der Türme und Zinnen der Erlspitzgruppe auf dem Zustieg zum Gipfel; von diesem schöne Fernsicht auf Karwendel und Zentralalpen.

Blick von der Erlspitze nach Osten (links die Zweite Karwendelkette, rechts die Kumpfkarspitze).

Der Aufstieg zum Solsteinhaus: Vom Bahnhof Hochzirl an der Bergseite des Bahnkörpers; nach 50 m durch ein Gatter ostwärts, durch Wald auf und ab, dann gegen links auf den von Zirl kommenden Fahrweg. 50 m gerade aufwärts, dann dem steilen Wegstück rechts ausweichend, an der Brunnalm vorbei und durch Wald wieder auf den Fahrweg, der nun steil bergauf

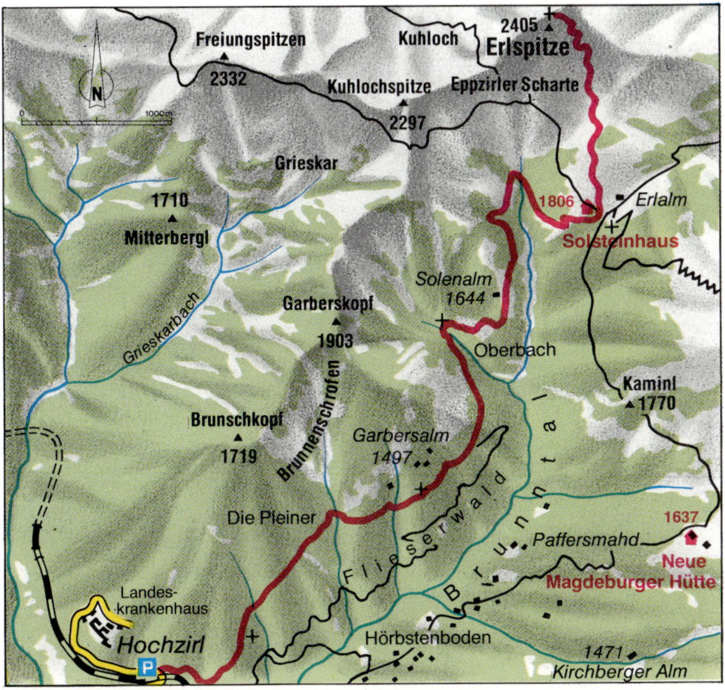

zum Brandenbach führt (Kreuz, Brunnen). Über den Graben, dann fast eben einwärts zum Steinegg (Talstation der Materialseilbahn) und weiter zum Hochtal Oberbach (Kreuz, Brunnen). In Kehren durch den lichten Hochwald empor an einer Jagdhütte vorbei zur Solnalm, nochmals eben hinein in das Erltal und zuletzt in zwei großen Kehren nach rechts zu der schon sichtbaren Hütte empor.

Zur Erlspitze: Hinter dem Solsteinhaus geht man (Wegweiser!) über den steilen Grashang rechts haltend empor (Markierungen), dann über die flacheren Weideböden nordwärts bis zu den Latschen. Man folgt dem Steig nun durch ausgeschlagene Gassen auf den deutlicher ausgeprägten Grat und steigt über ihn in vielen Kehren (Seilsicherungen) empor. Knapp unterhalb des Gipfels rechts in einer Schlucht die auffallend schlanke, hohe Gipfelstürmernadel. Über eine Steilstufe nach links zum Gipfel.

Abstieg auf dem Aufstiegsweg.

7 Neue Magdeburger Hütte, 1637 m, und Hechenberg, 1941 m

Versteckte Lärchenmähder zwischen Inntal und Nordkette

Hochzirl — Zirler Mähder — Neue Magdeburger Hütte — Hechenberg; Rückweg über Kirchberger Alm

Talort: Hochzirl, 922 m, vgl. auch Wanderung 6.
Ausgangspunkt: Bahnstation Hochzirl oder Abzweigung des Fahrwegs Richtung Solsteinhaus (vgl. Wanderung 6).
Parkmöglichkeit: In Hochzirl; beschränkte Parkmöglichkeit am Forstweg.
Gehzeiten: Hochzirl — Magdeburger Hütte 2—2½ Std., weiter zum Hechenberg ½ Std., Rückweg 1½—2 Std.
Anforderungen: Bequeme und gut bezeichnete Forst- und Almwege.
Einkehrmöglichkeiten: Neue Magdeburger Hütte, 1637 m, von Pfingsten bis Mitte Oktober bew; Jausenstation Brunntal.
Sehenswertes: Fernsicht auf Tuxer und Stubaier Alpen; die Teiche und Lärchenmähder um die Hütte sind naturgemäß im Herbst besonders schön; der Wald im Inntal scheint allerdings nicht mehr unbegrenzt haltbar zu sein.

Aufstieg zur Magdeburger Hütte: Wie in Wanderung 6 beschrieben von Hochzirl bzw. auf dem Fahrweg von Zirl. Wo dieser auf den Fußweg von der Bahnstation trifft, führt der Weg nach Osten durch den Föhrenwald weiter und trifft absteigend auf einen weiteren Fahrweg (oberhalb der Karwendelbahn). Nun in der Nähe der Bahn bis zum westlichen Stollenmund des großen Martinswandtunnels der Karwendelbahn. Man hält sich nun links auf schmalem Steig durch Mischwald in Kehren empor zu der Fahrstraße, die von Zirl auf die Zirler Mähder führt, wo sich eine Anzahl von Wochenendhäuschen der Zirler befinden (Wegweiser). An diesen und zahlreichen Heustadeln vorbei, über einen Graben hinweg und jenseits links von einem stei-

Die Solsteine nördlich über dem Hechenberg.

len Hohlweg über die Grasböden (nicht nach rechts abzweigen) zuletzt ziemlich steil auf den Almboden, wo die Hütte steht.

Zum Hechenberg: Der Hechenberg, der nach Süden mit eindrucksvoller Steilwand gegen das Inntal abfällt (östlich und höher über dem Talboden als die Martinswand), ist von Norden ein unscheinbarer bewaldeter Gupf. Von der Hütte erreicht man den höchsten Punkt, „Latte“ genannt (1941 m, das Kirchberger Köpfl der AV-Karte), auf markiertem Steig nach Süden. Nicht verwechseln mit dem Abstiegsweg in die Kranebitter Klamm, der am Waldrand nach links abgeht.

Abstieg: Um den Abstieg von der Hütte zu variieren, kann man den markierten Steig nehmen, der südlich des Aufstiegs im Bogen zur Kirchberger Alm, 1471 m, und von dort zurück ins Brunntal führt, wo er wieder auf den Aufstiegsweg trifft.

8 Rauschbrunnen, 1092 m

Uriges Ausflugsgasthaus für Frühjahr oder Herbst

Kranebitten — Kerschbuchhof — Rauschbrunnen — Höttinger Bild — Gramart — Hötting

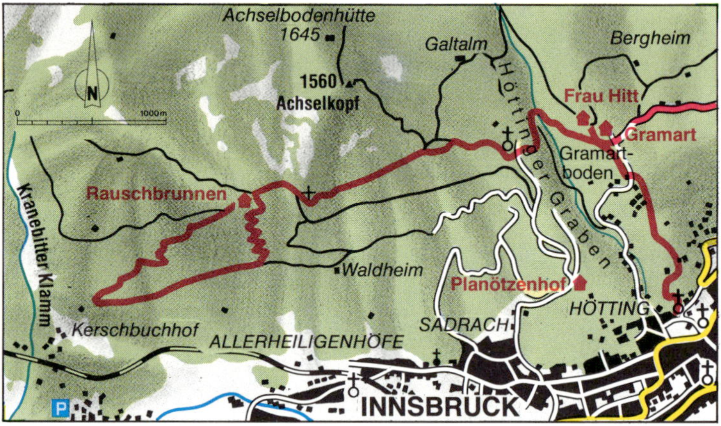

Talort: Innsbruck, 574 m, Tiroler Landeshauptstadt und Verkehrsknotenpunkt, näheres siehe Einleitungsteil.
Ausgangspunkt: Kranebitten, 601 m, Ortsteil am westlichen Stadtrand, Campingplatz, Gasthäuser, gute Busverbindung mit der Stadt (Linie LK). Oberhalb im Wald die Bahnstation Kranebitten der Karwendelbahn.
Parkmöglichkeit: In Kranebitten oberhalb der Hauptstraße (nach Zirl).
Gehzeiten: Kranebitten — Rauschbrunnen 1 Std., Rauschbrunnen — Gramart 1—1½ Std., Abstieg nach Innsbruck ¾ Std.
Anforderungen: Bequeme, gut markierte und beschilderte Waldwege.
Höchster Punkt: Rauschbrunnen, 1092 m.
Einkehrmöglichkeiten: Wirtshaus Rauschbrunnen im Frühjahr und Herbst an Wochenenden; Gasthöfe Frau Hitt und Gramartboden ganzjährig.
Sehenswertes: Das Wallfahrtskirchlein Höttinger Bild, wo die Heilige Jungfrau Maria im späten 18. Jahrhundert einem minderbegabten Studenten zu unverhofftem Prüfungserfolg verhalf; seither pilgern Innsbrucker Schüler und Studenten gern dorthin.

Weil Ausflüge heutzutage nicht mehr zu Fuß, sondern mit dem Auto unternommen werden, geht die Zahl der alteingesessenen Ausflugsgasthäuser rund um Innsbruck langsam, aber stetig zurück. Eins der urigsten ist der Rauschbrunnen, der im Frühjahr und im Herbst noch an den Wochenenden geöffnet ist. Hier kreuzen sich die meisten Wege, die diesen Teil der Nordkette nordwestlich über Innsbruck erschließen. Die beschriebene Wanderung läßt sich also beliebig mit einigen der im folgenden beschriebenen verbinden.

Von Kranebitten zum Rauschbrunnen: Nordwärts durch den Wald zur Bahn, unter ihr durch und hinauf zum Kerschbuchhof (früher ebenfalls ein beliebtes Ausflugsziel), der in schöner Lage auf einer Wiese über dem Talboden steht. Vom Oberrand der Wiese entweder auf dem Stangensteig zuerst eben und dann in vielen Kehren, oder gleich links und etwas steiler durch den Wald hinauf zum Rauschbrunnen, auf kleiner Lichtung auf einer Geländeschulter gelegen.

Weiterweg zum Gramartboden: Man geht nach Osten zuerst eben, dann absteigend zum Höttinger Bild, wo sich wieder mehrere Wege verzweigen. Man folgt der Beschilderung in Richtung Gramart/Hungerburg über den Höttinger Graben und auf die Wiesenfläche des Gramartbodens mit zwei Gasthöfen.

Abstieg: Entweder auf dem Fahrweg weiter ostwärts zur Hungerburg (Zahnradbahn oder Bus nach Innsbruck); oder gerade nach Süden auf netten Waldwegen absteigen nach Hötting und beliebig hinunter zum Inn und zur Stadtmitte.

Wiesenboden in der Nähe des Rauschbrunnen.

9 Vorderes Brandjoch, 2558 m

Ein lohnender Felsgipfel hoch über der Landeshauptstadt

Seegrube — Frau-Hitt-Sattel — Brandjoch — Höttinger Alm — Hungerburg

Talort: Innsbruck, 574 m, siehe Einleitung.
Ausgangspunkt: Hungerburg, 868 m, Stadtteil auf dem nördlichen Mittelgebirge (neuerdings in „Hoch-Innsbruck" umgetauft), Talstation der Nordkettenbahn, von Innsbruck mit Bus (Linie N) oder Zahnradbahn von der Kettenbrücke erreichbar, ebenso mit Pkw von der Alten Innbrücke über das Höttinger Platzl und die Höhenstraße.
Parkmöglichkeit: Großer Parkplatz (gebührenpflichtig) an der Talstation der Nordkettenbahn.
Gehzeiten: Seegrube — Frau-Hitt-Sattel 1½ Std., Frau-Hitt-Sattel — Brandjoch 1½ Std., Abstieg zum Sattel 1 Std., zur Höttinger Alm 1 Std., zur Hungerburg 1 Std.
Anforderungen: Bis zum Frau-Hitt-Sattel zum Teil schmale, aber gut ausgebaute und markierte Steige, am Gipfelgrat zum Brandjoch stellenweise leichte, mit Drahtseilen versicherte Kletterstellen, nur für Geübte.
Höchster Punkt: Vorderes Brandjoch, 2588 m.
Einkehrmöglichkeiten: Berghotel Seegrube, Höttinger Alm.
Sehenswertes: Vom Gipfel des Brandjochs umfassende Rundsicht auf die Zentralalpen und große Teile des Karwendels, tief unten die Großstadt Innsbruck.

Die Nordkettenbahn, mit deren Hilfe man unmittelbar aus der Stadt Innsbruck auf über 2000 m Höhe gelangt, ist einer der günstigsten Ausgangspunkte für Wanderungen in diesem Teil der Nordkette. Das Wegenetz des Gebietes orientiert sich im wesentlichen an der Seilbahn mit ihren zwei Sta-

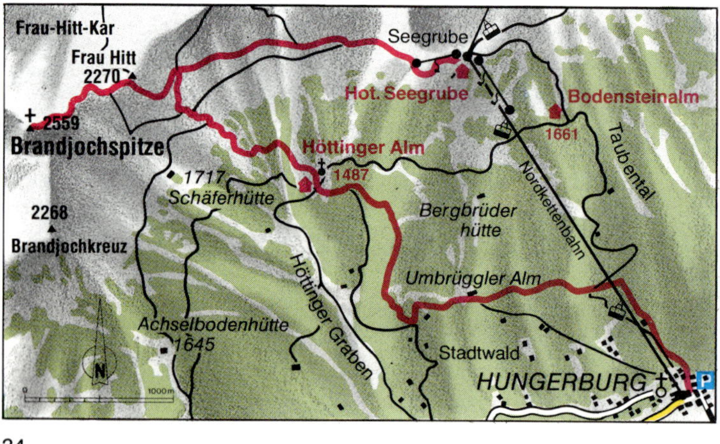

Blick vom Kemacher auf den Westteil der Nordkette: von links Vorderes Brandjoch, Hohe Warte, Kleiner und Großer Solstein.

tionen Seegrube, 1906 m, und Hafelekar, 2256 m. Die in den späten zwanziger Jahren von Franz Baumann errichtete Seilbahn kann immer noch als Musterbeispiel einer geglückten alpinen Architektur gelten.

Aufstieg zum Brandjoch: Von der Seegrube kurz nach Westen ansteigen, dann folgt man dem Weg, der fast eben über weite steile Hänge hinüberführt bis unter den Frau-Hitt-Sattel. Die Frau Hitt, ein auffälliger kleiner Felsturm in diesem Sattel, ist von überallher gut sichtbar. Der Weg dorthin zweigt unmittelbar unter der Frau Hitt nach rechts ab. In Kehren steil empor an ihren Westfuß und eben hinüber auf den Sattel. Von hier folgt man dem markierten Bergsteig, der über den Ostgrat, meist auf der Grathöhe, zum Brandjochgipfel (mit Kreuz) führt. Mehrere Stellen erfordern Vorsicht, auch ist auf Steinschlag zu achten, wenn mehrere Partien auf dem Grat unterwegs sind.

Abstieg: Auf gleichem Weg zurück zum Frau-Hitt-Sattel, und auf dem Aufstiegsweg hinunter und ein Stück Richtung Seegrube bis zu einer Quelle in dem Graben, der steil zu der gut sichtbaren Höttinger Alm hinunterführt. Hier Abzweigung nach rechts, über freie Hänge und durch Latschen zur Alm. Auf guten Waldwegen (Wegweiser) zurück zur Hungerburg.

10 Möslalm, 1262 m

Lauschige Almwirtschaft im tiefsten Karwendel

Hafelekar — Möslalm — Scharnitz (oder zurück zum Hafelekar)

Talort: Innsbruck, 574 m, siehe S. 10.
Ausgangspunkt: Hungerburg, 868 m, siehe Wanderung 9; Bergstation Hafelekar der Nordkettenbahn, 2256 m, Gastwirtschaft, Öffnungszeiten wie Betriebszeiten der Bahn.
Parkmöglichkeit: Gebührenpflichtiger Parkplatz an der Seilbahn-Talstation Hungerburg.
Gehzeiten: Hafelekar — Möslalm 2½ Std., nach Scharnitz 3 Std., Aufstieg zurück aufs Hafelekar 3½ Std., über den Frau-Hitt-Sattel kaum länger.
Anforderungen: Für den Abstieg vom Hafelekar sowie den Übergang über den Frau-Hitt-Sattel sind gutes Schuhwerk und Trittsicherheit erforderlich.
Höchste Punkte: Hafelekar, 2256 m, Frau-Hitt-Sattel, 2210 m.
Einkehrmöglichkeiten: Bergrestaurant Hafelekar, Möslalm (bew. von Juni bis Mitte September).
Sehenswertes: Die karge Felsregion der Ersten und Zweiten Karwendelkette und die lieblichen Almböden des Gleierschtals.

Vom Hafelekar zur Möslalm: Von der Bergstation der Seilbahn geht man über die fast ebene Kammhöhe der Nordkette nach Norden, wo bei einer kleinen Hütte der Weg ins Tunigskar beginnt, der zunächst sehr steil in vielen Kehren, die zum Teil in den Fels gesprengt sind, durch eine Schutt- und Schrofenflanke abwärts führt bis in das Kar. Dort wird es bald freundlicher;

Am Abstieg in das Tunigskar; Blick auf die Grubreisentürme.

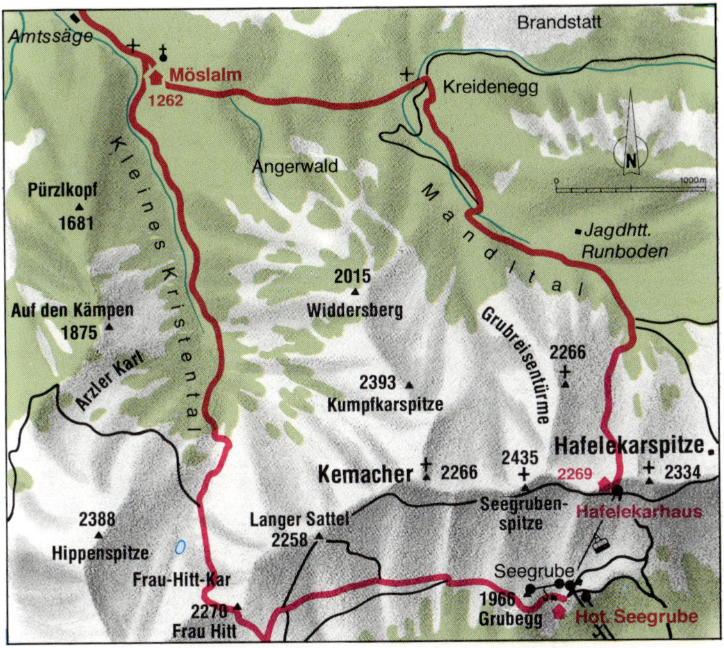

man steigt über freies Gelände stets nordwärts ins Mannltal ab, das man durch zum Teil dichten Latschenbewuchs (Vorsicht, daß man die Markierung nicht verliert; die Suche nach dem verlorenen Weg in dem Latschengewirr ist zeit- und kraftraubend) nach Nordwesten bis zur Einmündung ins Gleierschtal verfolgt. Nun auf dem Forstweg nach links (talaus) zu der idyllisch gelegenen freundlichen Almwirtschaft der Möslalm. Will man das Dilemma des Rückwegs auf den nächsten Tag verschieben, kann man hier auch übernachten und vorher gut essen.

Rückweg: Entweder auf dem gleichen Weg zurück hinauf aufs Hafelekar. Oder, lohnender und kaum länger, von der Alm durch das Klein-Kristental südwärts auf den Frau-Hitt-Sattel und jenseits zurück zur Station Seegrube (vergleiche Wanderung 9). Der Aufstieg durch den letzten Teil des Frau-Hitt-Kars — an der Nordseite des Sattels — ist mühsam; zuletzt stellenweise Seilsicherungen. – Am bequemsten, wenn auch nicht sehr aufregend, ist der Weg weiter talaus nach Scharnitz, von wo man mit der Karwendelbahn nach Innsbruck zurück gelangt.

11 Bodensteinalm, 1662 m, Höttinger Alm, 1478 m, Umbrüggler Alm, 1115 m

Klassischer Herbstausflug der Innsbrucker

Seegrube — Bodensteinalm — Höttinger Alm — Umbrüggler Alm — Hungerburg

Talort: Innsbruck, 574 m, siehe Einleitungsteil.
Ausgangspunkt: Hungerburg, 868 m, siehe Wanderung 9; Berghotel Seegrube (Mittelstation der Nordkettenbahn), Öffnungszeiten wie Betriebszeiten der Seilbahn.
Parkmöglichkeit: Gebührenpflichtiger Parkplatz an der Hungerburg.
Gehzeiten: Seegrube — Höttinger Alm 1½ Std., Höttinger Alm — Hungerburg 1½ Std.

Anforderungen: Gut gepflegte und bezeichnete Steige.
Höchster Punkt: Seegrube, 1906 m.
Einkehrmöglichkeiten: Berghotel Seegrube, Höttinger Alm (Almwirtschaft, bew. Mitte Juni bis Ende August, im Herbst an Wochenenden). Bodensteinalm, Sommerwirtschaft.
Sehenswertes: Besonders an Föhntagen eindrucksvolle Tiefblicke auf Innsbruck und Fernsicht auf Stubaier und Tuxer Alpen.

Besonders an schönen Herbsttagen werden die bedauernswerten Innsbrucker Kinder von ihren bergbegeisterten Eltern diese Wege entlanggeschleppt; obwohl es immer nur abwärts geht, ist die Freude oft nicht ungeteilt. Auch bei den älteren Semestern ist der Weg beliebt aufgrund der kurzen Etappen zwischen den bewirtschafteten Rastplätzen; besonders früher, als die Umbrüggler Alm noch ein zünftiges Berggasthaus war, waren

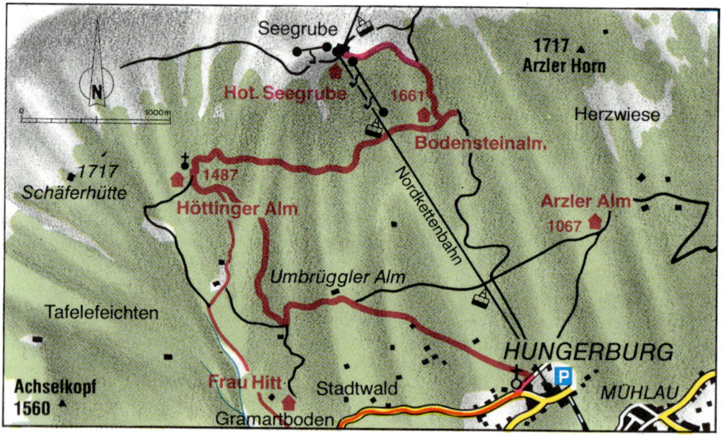

Tiefblick zur Höttinger Alm und in das Inntal.

die drei Almen als „Bermuda-Dreieck" verschrien, in dessen Bier- und Weinvorräten so mancher Bergwanderer spurlos untergegangen sein soll.

Von der Seegrube zur Höttinger Alm: Vom Berghotel kurz eben nach Osten, bis man auf den vom Hafelekar herunterführenden Steig trifft; in vielen Kehren über den Rücken steil hinab zu der keck an den Hang geklebten Bodensteinalm. Der Weiterweg zur Höttinger Alm führt stets etwas fallend nach Westen, unter der Seilbahn durch, und quert mehrere steile Gräben.

Abstieg von der Höttinger Alm: Wenn man es nicht vorzieht, auf dem breiten, langweiligen Fahrweg zur Hungerburg zurückzugehen, bietet sich der Nisslsteig (Bezeichnung Nr. 215) zur Umbrüggler Alm, die vor einigen Jahren abgebrannt ist; weiter auf bequemem Waldweg hinab zur Hungerburg. Ein Abstieg, der etwas Trittsicherheit erfordert, führt von der Höttinger Alm gerade nach Süden durch den Höttinger Graben zum Gramartboden. Von dort weiter wie Wanderung 8.

12 Goetheweg

Die schönste Höhenwanderung an der mittleren Nordkette

Hafelekar — Gleierschjöchl — Mannlscharte — Pfeis — Arzler Scharte — Rumer Alm — Arzler Alm — Hungerburg

Talort: Innsbruck, 574 m, siehe S. 10.
Ausgangspunkt: Hungerburg, 868 m, siehe Wanderung 9; Bergstation Hafelekar der Nordkettenbahn, 2256 m, siehe Wanderung 10.
Parkmöglichkeit: Gebührenpflichtiger Parkplatz an der Hungerburg.
Gehzeiten: Hafelekar — Pfeis 2 Std., in der Gegenrichtung 2½ Std., Pfeis — Rumer Alm — Hungerburg 2½—3 Std.
Anforderungen: Gutes Schuhwerk und etwas Trittsicherheit erforderlich; Seilsicherungen.

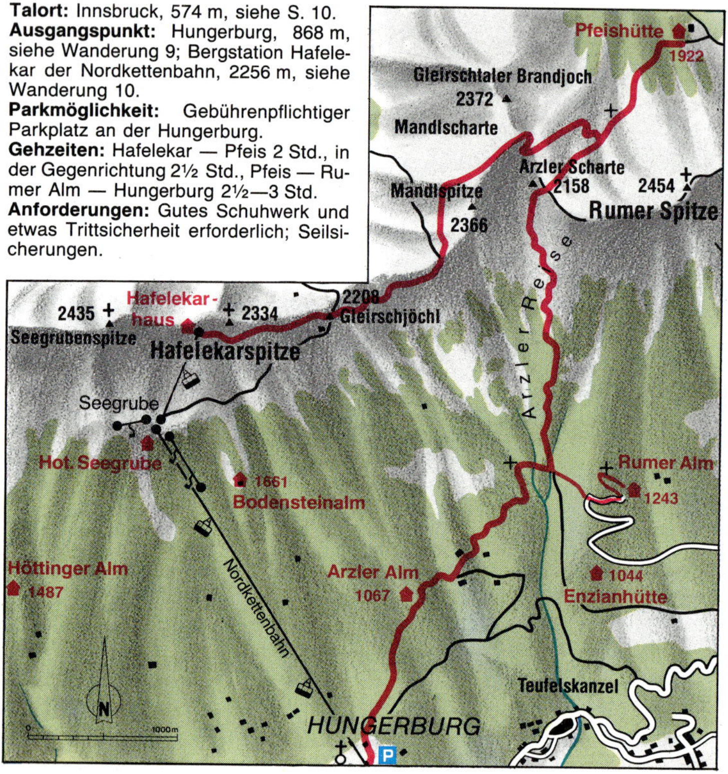

Höchste Punkte: Hafelekar, 2256 m, Mühlkarscharte, 2238 m, Mannlscharte, 2330 m.
Einkehrmöglichkeiten: Hafelekar-Bergrestaurant; Pfeishütte (von Pfingsten bis Anfang Oktober bewirtschaftet); Rumer Alm (ganzj. bew.); Arzler Alm (im Sommer Almwirtschaft; Herbst und Frühjahr an Wochenenden).
Sehenswertes: Umfassende Rundblicke auf das mittlere Nordtirol: Stubaier, Tuxer und Zillertaler Alpen und Karwendel.

Auf dem Goetheweg in die Pfeis: Dieser besonders aussichtsreiche und wegen der geringen Höhenunterschiede lohnende Weg zweigt 20 m östlich der Hafelekar-Bergstation bei einem Mauerdurchbruch (Wegweiser) nach rechts ab. Er zieht fast eben, gut ausgebaut und bezeichnet etwa ½ Std. an den Südhängen der Hafelekar- und Gleierschspitze nach Osten; hier bieten sich die schönsten Ausblicke nach Süden auf die Zentralalpen. Man überquert die grüne Senke des Gleierschjöchls; nach einem kurzen ebenen Stück steigt man in einigen Kehren auf die Grathöhe (Mühlkarlscharte). Jenseits auf der Nordseite steigt man über felsiges Gelände, später über Schutthalden ab bis zu den von der Mannlscharte herabziehenden Schuttreisen. Man steigt in Kehren auf die Scharte, 2279 m, an. Jenseits geht es wieder hinab in den weiten verkarsteten Kessel nördlich der Arzler Scharte. Der Weg führt über sanfte Böden und durch Latschenbestände und senkt sich allmählich gegen Nordosten zur Pfeishütte.

Rückweg zur Hungerburg: Wenn man es nicht vorzieht, auf dem selben Weg zurückzugehen, kann man von der Arzler Scharte direkt über die Südhänge zur Hungerburg absteigen. Geländegängige laufen von der Arzler Scharte über die Schuttreisen bis auf 1400 m; vom Ende der Schuttreise führt ein Weg eben nach Osten hinein zur Rumer Alm. Sonst gibt es auch einen markierten Steig von der Scharte zur Alm. Von der Rumer Alm geht es auf bequemen Wegen (Wegmarkierung 217/218) über die Arzler Alm zurück zur Hungerburg.

Am Goetheweg: Blick nach Südwesten in die Stubaier Alpen.

13 Von der Hungerburg nach Thaur

Beschauliche Wanderung am nördlichen Mittelgebirge

Hungerburg — Pürenhof — Rechenhof — Garzanhof — Thaurer Schloß — Thaur

Talort: Innsbruck, 574 m, siehe S. 10.
Ausgangspunkt: Kettenbrücke, Talstation der Zahnradbahn auf die Hungerburg.
Parkmöglichkeit: Im Bereich der Kettenbrücke (am südlichen Innufer).
Gehzeiten: Hungerburg — Rechenhof 1¼ Std., Rechenhof — Thaurer Schloß 1½ Std., Abstieg zur Ortsmitte Thaur ½ Std.
Anforderungen: Breite, ebene, gut bezeichnete Waldwege.
Höchste Punkte: Rechenhof, 869 m, Garzanhof, 876 m.
Einkehrmöglichkeiten: Auf der Hungerburg und in Thaur mehrere Gaststätten; Ghf. Rechenhof (ganzj. geöffnet).
Sehenswertes: Die Felsformationen der Mühlauer Klamm; die Ruinen des Thaurer Schlößls und das Romediuskirchlein mit ehemaliger Einsiedelei; St. Romedius ist der Thaurer Ortsheilige, der im frühen Mittelalter einen der damals noch häufigen Bären durch bloßes Zureden bändigte und danach ein Kloster im Nonstal (Trentino) gründete. Die meisten Thaurer Männer heißen auch heute noch Romed. Der Ort ist außerdem durch seine Krippenschnitzer und Bildhauer bekannt.

Der Rosnerweg: Vom Parkplatz an der Hungerburg-Seilbahnstation auf asphaltierter Straße kurz ostwärts und dann bei Wegweiser zwischen den letzten Häusern, bald im Wald hinauf zu dem meist breiten Weg, der stets etwas an- oder absteigend unter dem großen Lawinendamm vorbei in die Mühlauer Klamm leitet. Gedenktafel an die Erbauer des Weges. Jenseits des Baches dem linken, schmaleren der Wege folgend steil auf die Höhe

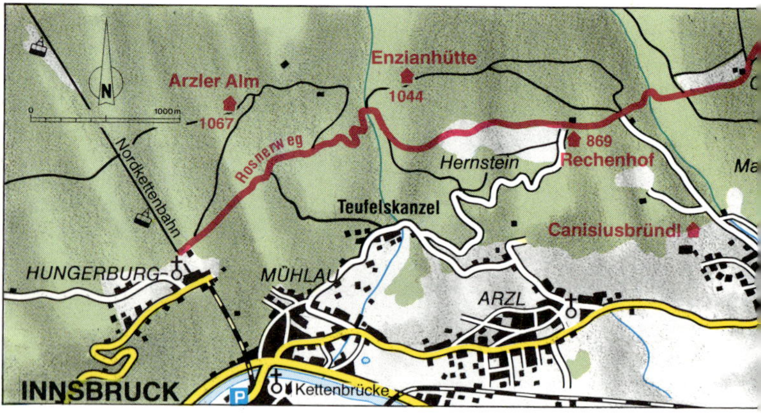

empor und fallend durch Wald auf die weite Wiese des Purenhofes. Am Hof vorbei und weiter zum Alpengasthof Rechenhof.

Der Adolf-Pichler-Weg: Dieser Weg setzt — nun wieder als Fahrweg — den Rosnerweg in gleicher Richtung fort. Man erreicht nach kurzem durch Wald die große Wegekreuzung „Sieben Wege“, geht wiederum in gleicher Richtung (ostwärts) weiter, überquert das wilde Bachbett der Rumer Mur und kommt zum Garzanhof, einem Einzelgehöft. Man geht an der Garzanhofwiese südlich vorbei, auf dem nun wieder schmaleren Weg durch Wald zum Schloßhof über Thaur, wo sich auch die kümmerlichen Reste des Thaurer Schlosses befinden. Kurz unterhalb das Romediuskirchlein. Von hier steigt man direkt nach Süden (mehrere Bildstöcke) zum Ort Thaur ab. Ab Ortsmitte Busverbindung nach Innsbruck zur Kettenbrücke.

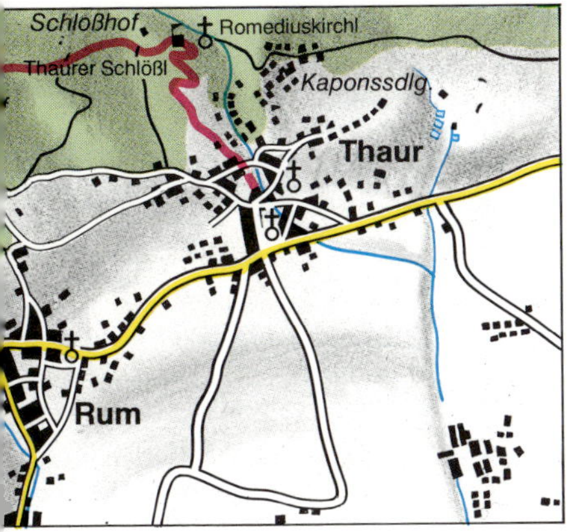

14 Kaisersäule, 1701 m

Rundtour über gastliche Almwirtschaften

Rum — Sieben Wege — Rumer Alm — Vintlalm — Thaurer Alm — Kaisersäule — Garzanhof — Sieben Wege

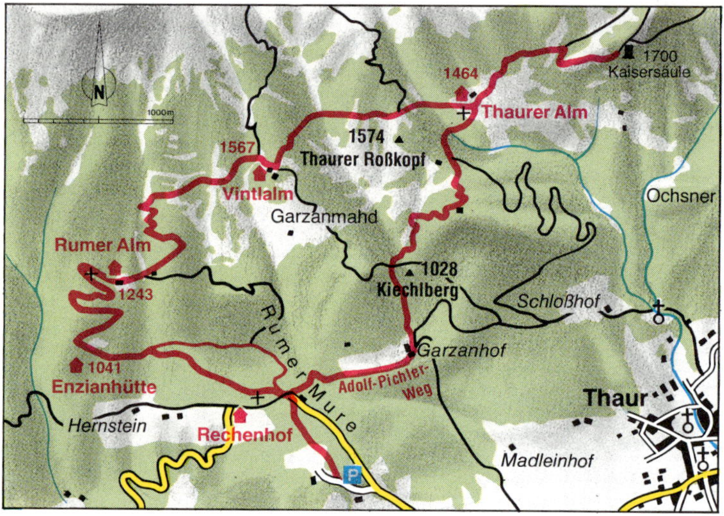

Talort: Rum bei Innsbruck, 621 m, großes Dorf am Stadtrand von Innsbruck, von der Kettenbrücke über die „Dörferlinie" (Mühlau-Arzl-Rum-Thaur-Absam) mit Pkw in wenigen Minuten erreichbar; gute Busverbindung (Linie D und E).
Ausgangspunkt: Rumer Tennisplatz, etwas oberhalb des Ortes im Wald; die Abzweigung von der Hauptstraße befindet sich direkt an der westlichen Ortseinfahrt (Autoreparaturwerkstätte). Von der Haltestelle „Sanatorium der Kreuzschwestern" zu Fuß in 10 Minuten.
Parkmöglichkeit: Größerer Parkplatz beim Tennisplatz; an Werktagen ist die Zufahrt bis zu den „Sieben Wegen" gestattet, dort beschränkte Parkmöglichkeit am Wegrand.

Gehzeiten: Rum — Rumer Alm 1½—2 Std., Rumer Alm — Thaurer Alm 1—1½ Std., Thaurer Alm — Kaisersäule 1 Std., Abstieg nach Rum 2 Std.
Anforderungen: Gut bezeichnete und beschilderte Almsteige und Fahrwege.
Höchste Punkte: Rumer Alm 1243 m, Vintlalm 1567 m, Kaisersäule 1701 m.
Einkehrmöglichkeiten: Enzianhütte, Rumer Alm, Vintlalm, Thaurer Alm. Die Almwirtschaften sind während der Sommersaison durchgehend, im Herbst meist an Wochenenden bewirtschaftet.
Sehenswertes: Die Kaisersäule, eine Steinpyramide in hochalpiner Umgebung, zum Andenken an den Besuch des österreichischen Kaisers Franz I. („der gute Kaiser Franz") errichtet.

Aufstieg zur Rumer Alm: Vom Tennisplatz geht man in etwa 15 Minuten auf dem asphaltierten Fahrweg zur Kreuzung der „Sieben Wege“. Hier wendet man sich nach halblinks in den tiefen Hohlweg und folgt den Wegweisern zur Rumer Alm, wobei man den breiten Fahrweg mit seinen weiten Kehren mehrmals kreuzt. Auf dem letzten flacheren Boden unter der Rumer Alm links im Wald die Enzianhütte.

Der Höhenweg über die Almen zur Kaisersäule: Von der Rumer Alm folgt man dem bezeichneten Steig nach Osten aufwärts (an einer Jagdhütte vorbei). Zunächst steil durch den Wald bis auf die Höhe über den Felsabbrüchen der Roten Riepe, dann eben hinüber auf die Geländeschulter, wo die kleine Vintlalm steht. Der Weiterweg zur Thaurer Alm und Kaisersäule ist von hier schon zu übersehen. Man quert die weiten Hänge, vorbei an vielen Quellen; zuletzt steil hinauf zur Kaisersäule.

Der Abstieg: Auf gleichem Weg zurück zur Thaurer Alm. Von hier ein Stück auf den Almweg nach Thaur absteigen; der Fußweg zweigt bald nach rechts ab (Markierung). Durch den teils sehr steilen Weg hinunter zur Garzanhofwiese; an deren Nordrand vorbei und zum Fahrweg, der nach Westen über die Rumer Mur zurück zu den „Sieben Wegen“ führt.

Blick vom Weg zur Kaisersäule zurück auf die Thaurer Alm.

15 Speckkarspitze, 2621 m

Anspruchsvoller Felsgipfel über dem Halltal

St. Magdalena — Herrenhäuser — Ißjöchl — Lafatscher Joch — Speckkarspitze und zurück

Talort: Hall in Tirol, 574 m, kleine Stadt 10 km östlich von Innsbruck mit sehr sehenwerter und gut erhaltener Altstadt, vom Mittelalter bis in die Neuzeit bedeutende Salinenstadt. Der Bergbau im Halltal wurde 1967 eingestellt. Autobahnausfahrt; gute Bus- und Bahnverbindung mit Innsbruck.
Ausgangspunkt: St. Magdalena, 1285 m, Alpengasthof (mit Kapelle, ehemaliges kleines Kloster) im hinteren Halltal; schmale, aber gut ausgebaute Mautstraße von Absam bei Hall.
Parkmöglichkeit: Kleiner Parkplatz etwas talein auf gleicher Höhe mit St. Magdalena, das südlich oberhalb der Straße gelegen ist. Von hier ab Fahrverbot; Schranken.
Gehzeiten: St. Magdalena — Herrenhäuser ½ Std., aufs Lafatscher Joch 2—2½ Std., vom Joch auf die Speckkarspitze 1½ Std., Abstieg 3 Std.
Anforderungen: Bis aufs Lafatscher Joch gute Alm- und Fahrwege. Am Zustieg zur Speckkarspitze einige abschüssige Stellen und leichte, mit Drahtseilen gesicherte Kletterei, Trittsicherheit und gutes Schuhwerk.
Höchste Punkte: Ißjöchl, 1668 m, Lafatscher Joch, 2085 m, Speckkarspitze, 2621 m.
Einkehrmöglichkeiten: St. Magdalena, Herrenhäuser (in den ehemaligen Bergwerksgebäuden).
Sehenswertes: Das ganze Halltal steht im Zeichen des früher wichtigen Salzbergbaus; in den Herrenhäusern wurde neuerdings ein kleines Museum eingerichtet; auch Stollenbesichtigung möglich.

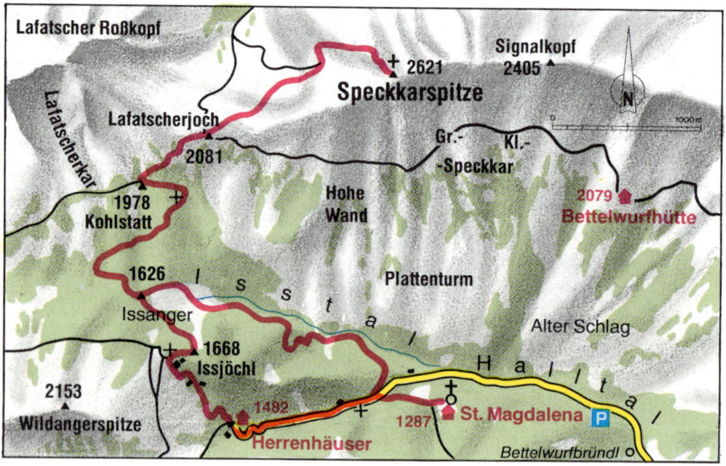

Speckkarspitze aus dem Halleranger (von Westen).

Aufstieg zum Lafatscher Joch: Vom Parkplatz bei St. Magdalena folgt man zunächst der Fahrstraße weiter talein bis zu den Herrenhäusern, dem Zentrum des alten Salzbergbaus mit mehreren Gebäuden, Kapelle, Stolleneingang usf. Von der kleinen Einsattelung des Ißjöchls geht es leicht fallend durch Wald einwärts auf den idyllischen Ißanger, weite, teils sumpfige Bergmähder inmitten von Lärchen, Latschen und den weißgrauen Karen und Felsgraten der zweiten Karwendelkette. Der gut sichtbare Weg aufs Lafatscher Joch führt in zwei riesigen Kehren durch die Latschen empor; bei heißem Wetter außergewöhnlich schweißtreibend.

Zur Speckkarspitze: Von der weiten Senke des Lafatscher Jochs steigt man nach Osten kurz auf dem Weg Richtung Bettelwurfhütte (Wegweiser) gegen den Südwestgrat der Speckkarspitze an. Vor dem schottrigen Steilaufschwung nach links auf gutem Steig nordostwärts in das kleine Kar westlich unter der Speckkarspitze. Durch die Flanke auf den Westgrat und immer dem bezeichneten Steig folgend zum Gipfel.

Abstieg: Dem Aufstiegsweg folgend zurück aufs Lafatscher Joch und in den Ißanger. Um den Gegenanstieg zum Ißjöchl zu vermeiden, folgt man bei der Kreuzung der Wege im Grund des Angers dem linken, der am waldigen Steilhang des Ißtals (gut markiert) unmittelbar zum Parkplatz bei St. Magdalena zurückleitet.

16 Bettelwurfhütte, 2077 m

Halltal-Umrahmung

Halltal — Herrenhäuser — Ißjöchl — Lafatscher Joch — Bettelwurfhütte — Halltal

Talort: Hall in Tirol, 574 m, siehe Wanderung 15.
Ausgangspunkt: Parkplatz an der Halltal-Mautstraße, wo der Weg zur Bettelwurfhütte abzweigt, kurz über der starken Steigung beim Bettelwurfbrünnl (Hinweistafeln). Mautstraße ab Ortsende Absam.
Parkmöglichkeit: Parkplatz an der Straße.
Gehzeiten: Aufs Ißjöchl 1½ Std., aufs Lafatscher Joch 2 Std., zur Bettelwurfhütte 1 Std., Abstieg zum Parkplatz 1 Std.
Anforderungen: Gut ausgebaute und beschilderte Fahrwege und Almsteige; am Abstieg von der Bettelwurfhütte einige ausgesetzte Stellen mit Drahtseilsicherungen, die etwas Trittsicherheit erfordern.
Höchste Punkte: Lafatscher Joch, 2085 m. Bettelwurfhütte, 2077 m.
Einkehrmöglichkeiten: St. Magdalena etwas abseits der Halltalstraße; Herrenhäuser; Bettelwurfhütte (Mitte Juni bis Ende September bew.).
Sehenswertes: Die im gesamten Halltal sichtbaren ehemaligen Bergbau-Einrichtungen; die wilden Kare und Felsgrate des Bettelwurf.

Aufstieg zum Lafatscher Joch: Vom Parkplatz gehen wir zunächst ein gutes Stück auf der nicht allzu frequentierten schmalen Straße talein;

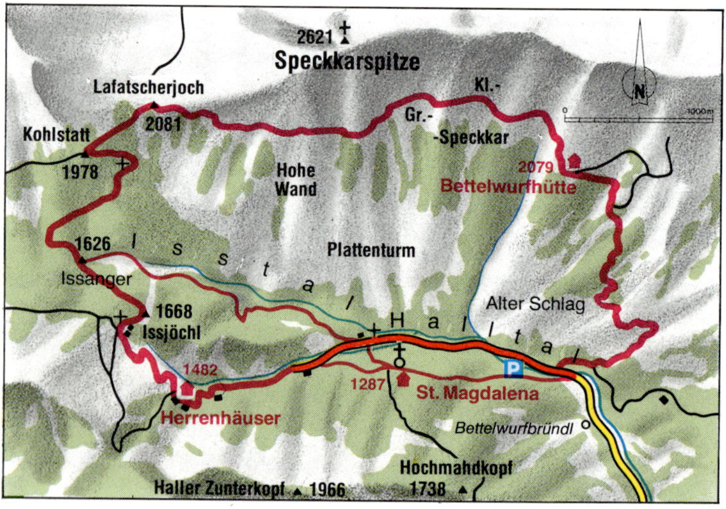

Die Stadt Hall von Süden, rechts hinten im Bild die zwei Bettelwürfe.

St. Magdalena bleibt links liegen. Für sehr Durstige bieten die Herrenhäuser (ehemalige Knappen-Wohngebäude, jetzt Gastwirtschaft und kleines Bergbaumuseum) nach etwa 1 Std. erste Labung. Weiter dem Talweg folgend aufs Ißjöchl und jenseits in den Ißanger. Über den latschenbestandenen Sonnenhang in weiten Kehren nordwärts auf das Lafatscher Joch.

Zur Bettelwurfhütte: Die durch Wegweiser gut kenntliche Abzweigung befindet sich etwas unter der eigentlichen Jochhöhe. Der folgende Wegabschnitt zur Hütte, stets in gleichbleibender Höhe durch die Südflanken von Speckkarspitze und Kleinem Bettelwurf — ist die letzte Etappe des sogenannten „Innsbrucker Höhenwegs“, der von der Nordketten-Bergstation stets in etwa 2000 m Höhe bis hierher leitet (vergleiche Wanderung 12, „Goetheweg“), eine großartige Unternehmung, die einige Ausdauer und Erfahrung fordert.

Abstieg: Der Abstieg ins Halltal ist klar vorgegeben, im unteren Teil, wo der Weg in die von der Wechselscharte kommende Schutt-Schlucht hineinführt, sind einige heikle Stellen mit Drahtseilen gesichert.

17 Hinterhornalm, 1522 m

Am Sonnenhang über Gnadenwald

Walderbrücke — Alpensöhnehütte — Hinterhornalm — Walderbrücke

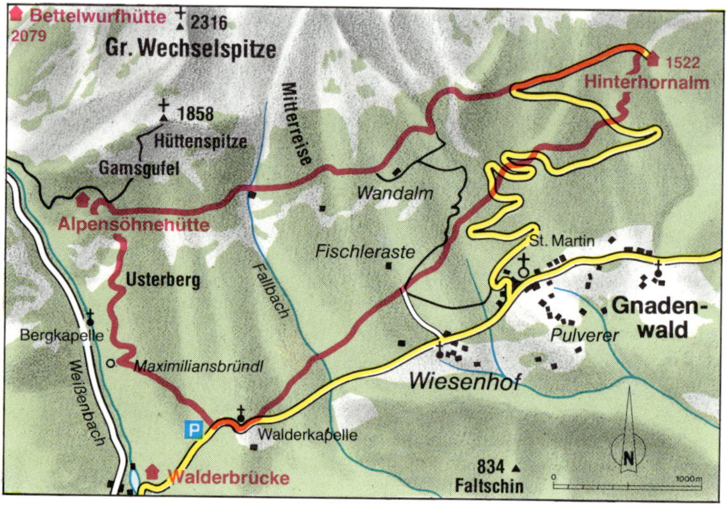

Talort: Hall in Tirol, 574 m, oder Absam, 622 m, Ortschaft oberhalb von Hall am Ausgang des Halltals, mit Hall und dem benachbarten Mils schon zu einem Siedlungsgebiet verschmolzen. Autostraße von Hall über die Dörferlinie von Innsbruck. Buslinie E von Innsbruck.
Ausgangspunkt: Ghf. Walderbrücke, 768 m, wo die Straße von Absam nach Gnadenwald über den aus dem Halltal kommenden Bach setzt.
Parkmöglichkeit: 300 m hinter der Walderbrücke (Richtung Gnadenwald) Parkplatz bei der Walder Kapelle.

Gehzeiten: Walderbrücke — Alpensöhnehütte 1½ Std., zur Hinterhornalm 1½ Std., Abstieg zur Walderbrücke 1½ Std.
Anforderungen: Bezeichnete Wald- und Almwege.
Einkehrmöglichkeiten: Walderbrücke, Alpensöhnehütte (Winklerhütte; von Mai bis Oktober an Sonn- und Feiertagen bew.), Hinterhornalm.
Sehenswertes: Die mächtigen Karstflanken von Bettelwurf und Walderkampspitze („Walder Kamm"), zu deren Füßen die Wanderung sich vollzieht.

Aufstieg zur Alpensöhnehütte: Vom Gasthof Walderbrücke oder der Walder Kapelle am östlichen Hang des Halltals einwärts (breite Waldwege) bis zum Maximiliansbrünndl. Von hier führt der Steig durch steilen Wald und Schrofengelände in kleinen Kehren zur Alpensöhnehütte hinauf.

Die Kirche von St. Martin im Gnadenwald.

Übergang zur Hinterhornalm: Der Übergang zur Hinterhornalm erfolgt in ungefähr gleichbleibender Höhe mit einigem Auf und Ab, vorbei an der Schäferhütte und der Wandlalm, 1252 m, von der man sich links hinauf bis knapp unter die Abbrüche der Walderkampspitze hält; zuletzt trifft man auf die neue Fahrstraße zur Hinterhornalm bei deren letzter Kehre. Auf der Straße kurz zur Alm, die, seit sie von Gnadenwald mit dem Auto erreichbar ist, einen raschen touristischen Aufschwung genommen hat.

Abstieg: Man folgt dem alten Almweg, der die Fahrstraße einige Male quert. Stets in südwestlicher Richtung durch den zunächst sehr steilen Wald abwärts. Später im flacheren, von zahlreichen Wegen kreuz und quer durchzogenen Wald zurück zur Walder Kapelle und zur Walderbrücke.

18 Hundskopf, 2243 m

Ein beliebter leichter Klettergipfel

Hinterhornalm — Hundskopf — Walder Alm — Hinterhornalm

Talort: Gnadenwald, 890 m, schön auf dem nördlichen Mittelgebirge gelegene Ortschaft, aus vielen verstreuten Einzelhöfen und Weilern bestehend; einige einladende Gasthöfe.
Ausgangspunkt: Hinterhornalm, 1522 m, am Endpunkt der Mautstraße von St. Martin im Gnadenwald.
Parkmöglichkeit: Großer Parkplatz an der Hinterhornalm.
Gehzeiten: Hinterhornalm — Hundskopf 2—2½ Std., Abstieg zur Walder Alm 1½ Std., Walder Alm — Hinterhornalm 20 Min.
Anforderungen: Am Gipfelaufbau des Hundskopfs einige Felsstufen, die durch Klammern und Drahtseile versichert sind; Bergerfahrung und gutes Schuhwerk notwendig.
Höchster Punkt: Hundskopf, 2243 m.
Einkehrmöglichkeiten: Hinterhornalm (modernistische Alm-Gastronomie), Walder Alm (einfache Almwirtschaft).
Sehenswertes: Vom Gipfelaufbau des Hundskopfs erstaunlicher Tiefblick in das über 1000 m tiefer gelegene Vomper Loch, eine wilde Gebirgsschlucht; die weiten Almböden der Walder Alm.

Der kleine felsige Gipfelaufbau des Hundskopfs ist von drei Seiten — Osten, Norden, Westen — durch Klettersteige zugänglich gemacht worden, was seine Beliebtheit, zusammen mit der durch die Mautstraße auf die Hinterhornalm drastisch verkürzten Anmarschzeit, sehr erhöht hat. Dazu kommen der schöne Rundblick und die aufregenden Tiefblicke ins Vomper Loch.

Aufstieg zum Hundskopf über den Ostgrat: Von der Alm führt der Steig zunächst direkt nach Norden über die Grashänge empor; in etwas mühsamem und unter Umständen schweißtreibendem Anstieg überwindet man den Latschengürtel und gelangt über einen steilen Hang auf einen grünen Rücken. Von hier stets dem bezeichneten Steig folgend, der teils auf dem Grat, teils links davon über einen Vorgipfel zum Gipfel leitet. Die Felspassagen sind alle versichert. Vorsicht ist natürlich trotzdem geboten; Stein und

Die Südwand des Hundskopfs (der Anstieg erfolgt über den Rücken von rechts).

Eisen brechen gerade im Hochgebirge immer wieder dann, wenn man es am wenigsten erwartet.

Abstieg zur Walder Alm: Entweder über den Ostgrat wieder hinab; oder man steigt, ebenfalls über einen kurzen Klettersteig, nach Westen in die Scharte, von wo ein guter Steig durch die Nordflanke zurück auf den Ostgrat führt. Über ihn nun stets gerade zurück zur Waldgrenze und auf Steigspuren durch lichten Wald hinunter auf die weiten Wiesen der schon lange sichtbaren Walder Alm. Von hier auf breitem Fahrweg kurz zurück zur Hinterhornalm.

19 Vomper Loch

In der wilden Urlandschaft des Karwendels

Vomper Berg — Melansalm — Jagdhaus „Im Zwerchloch" — Jagdhaus „In der Au" und zurück

Talort: Vomp, 563 m, ein größeres Dorf am Sonnenhang gegenüber der Stadt Schwaz, Autobahnausfahrt Schwaz/Vomp.
Ausgangspunkt: Ghs. Karwendelrast am Vomper Berg, 850 m, von Vomp auf guter Autostraße in wenigen Minuten erreichbar.
Parkmöglichkeit: Beim Ghs. Karwendelrast.
Gehzeiten: Ins Zwerchloch 1½ Std., Zwerchloch — Jagdhaus in der Au 1 Std., Rückweg etwa ebensolang.
Anforderungen: Trittsicherheit nötig.
Höchste Punkte: Melansalm, 1022 m, Jagdhaus Zwerchloch, 1008 m, „In der Au", 1120 m.
Einkehrmöglichkeit: Nur das Ghs. Karwendelrast am Anfangs- und Endpunkt der Wanderung.
Sehenswertes: Das Vomper Loch ist einer der eindrucksvollsten Teile der Nordtiroler Kalkalpen, eine tiefe, unwegsame Schlucht unter den über 1000 m hohen Nordabstürzen der Zweiten Karwendelkette; die Wege im Vomper Loch sind durchwegs erst durch künstliche Hilfsmittel gangbar gemacht.

Hinweg: Von dem auf weiter Sonnenterrasse über der schluchtartigen Mündung des Vomper Lochs gelegenen Gasthaus Karwendelrast geht man zunächst auf breitem Waldweg nordwestwärts ins Tal hinein, bis sich nach etwa 20 Minuten der Weg gabelt. Man folgt dem linken Weg in westlicher Richtung über zwei tiefe Gräben zur Melansalm, 1022 m. Stets in gleicher Richtung weiter, vor dem Eingang des Zwerchlochs eine Kehre abwärts und nach rechts einwärts in das Zwerchenloch und zum Jagdhaus, 1008 m.

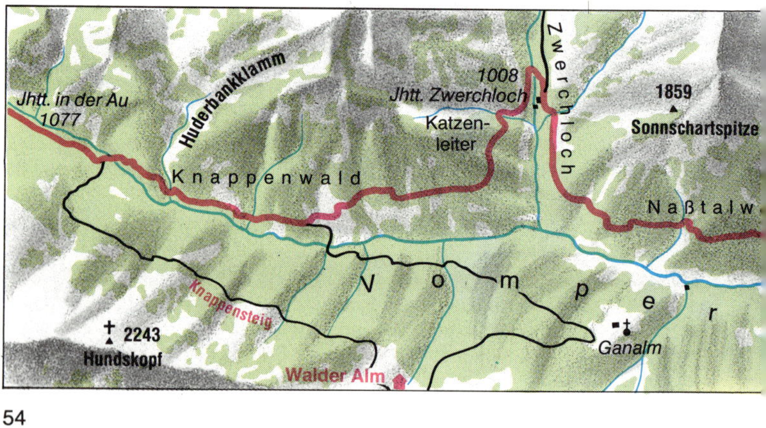

Blick von Westen in die wilden Abbrüche des Vomper Lochs.

Von hier steigt man zum Bach hinunter, überquert ihn und gelangt kurz südwärts zum Beginn der „Katzenleiter“, eines durch 160 Stufen gangbar gemachten Steilabfalls. Man überschreitet die Huderbankklamm und steigt weiter südlich aufwärts auf einen Rücken, wo sich der Weg wieder nach Westen in die Hauptrichtung des Vomper Lochs wendet. Man hält sich nun ohne größere Höhenverluste talein, zuletzt mit einigen steilen Kehren hinab in den Ödbachkarlgraben; jenseits des Baches wieder steil empor (links bald eine Wegabzweigung: der Knappensteig zur Walder Alm), dann unter der sogenannten „Triefenden Wand“ steil abwärts in den Talboden des Vomper Lochs, über den Bach und am orographisch rechten Bachufer zum Jagdhaus „In der Au“.

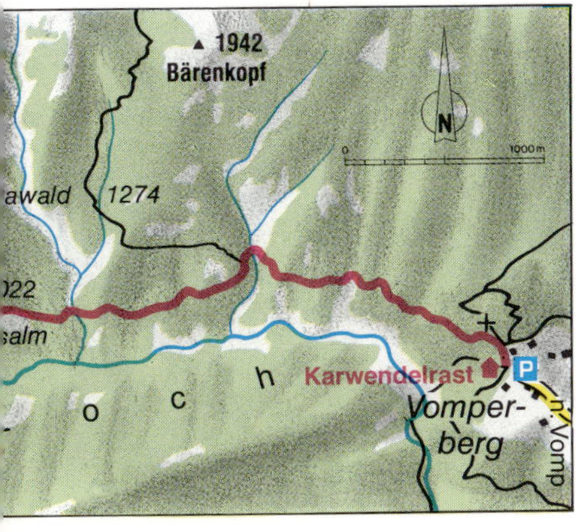

Rückweg: Auf dem gleichen Weg; man kann also die Wanderung jederzeit abbrechen und zurückgehen, wenn man genug hat. Ebenso kann man, wenn Zeit und Ausdauer reichen, die Wanderung weiter talein ausdehnen, wo keine weiteren Schwierigkeiten oder Abzweigungen zu fürchten sind.

20 Vomper Joch, 1913 m

Sonnige Wanderung für den Spätherbst

Vomper Berg — Waldhorbalm — Vomper Joch (Hirschkopf) — Vomper Berg

Talort: Vomp, 563 m, siehe Wanderung 19.
Ausgangspunkt: Vomper Berg, von Vomp auf guter Autostraße in wenigen Minuten erreichbar.
Parkmöglichkeit: Am Waldrand beim Ghs. Karwendelrast.
Gehzeiten: Aufstieg zum Vomper Joch 3—3½ Std., für den Abstieg 2 Std.
Anforderungen: Ausdauer und etwas Orientierungsvermögen.
Höchster Punkt: Vomper Joch, 1913 m
Einkehrmöglichkeiten: Ghs. Karwendelrast (vgl. Wanderung 19).
Sehenswertes: Vom Gipfel sehr schöner Rundblick.

Es ist ratsam, diese Wanderung an nicht allzu heißen Herbsttagen zu unternehmen; der Weg verläuft ausschließlich über steile Südhänge. Auch für

Auf dem Vomper Joch, Blick nach Norden ins Karwendelgebirge (Sonnjoch, Schaufelspitze).

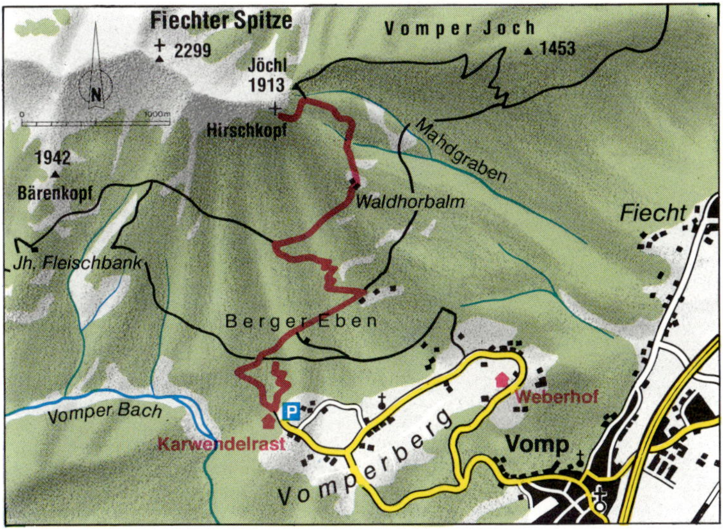

Proviant sorge man selber, denn die einzige Einkehrmöglichkeit befindet sich am Start- und Zielpunkt des Ausflugs. Das Vomper Joch ist der letzte, sanfte Ausläufer des Karwendelhauptkamms im Osten, mit fast 40 km die längste und mit der Birkkarspitze, 2749 m, die höchste Kette des Karwendels. Obwohl wir uns hier am äußersten Rand des Gebirges bewegen, bietet die Wanderung schöne Einblicke in die wilde und weithin unwegsame Bergwelt.

Aufstieg zum Vomper Joch: Der untere Teil des Waldes, durch den dieser Anstieg sich vollzieht, ist von mehreren sich kreuzenden Forst- und Waldwegen durchzogen; wenn man die Markierung verliert, ist es nur wichtig, sich insgesamt gegen rechts aufwärts zu halten. Etwa 2 Stunden über der Karwendelrast gelangt man zu der kleinen, nach dem Ende der Almsaison im Herbst völlig verlassenen Waldhorbalm, 1580 m. Von hier hält man sich dann wiederum deutlich rechts in die steile Ostflanke des Vomper Jochs, das man auf schmalem, aber gutem Steig nach etwa einer weiteren Stunde Gehzeit erreicht; es wird von einer grünen Kuppe mit Kreuz gebildet (auch Hirschkopf genannt, da man als Vomper Joch auch den ganzen bewaldeten Rücken bezeichnet, der von hier nach Osten ins Inntal absinkt).

Abstieg: Auf gleichem Weg.

21 Kaserjoch, 2076 m

Eine weite Runde im Tal des letzten Bären

Fiecht — Weng — St. Georgenberg — Ochsenkaralm — Kaserjoch — Naudersalm — Stallenalm — Stallental — Weng

Talort: Fiecht, 574 m, kleine Ortschaft mit altem Benediktinerkloster, am nördlichen Talhang gegenüber von Schwaz, an der Autobahnausfahrt Schwaz/Vomp.
Ausgangspunkt: Weng, 780 m, Gehöft auf dem Mittelgebirge über Fiecht, auf der Fahrstraße von Fiecht leicht zu erreichen.
Parkmöglichkeit: Bei Weng an der Straße (Hinweistafeln).
Gehzeiten: Weng — St. Georgenberg ¾ Std., St. Georgenberg — Ochsenkaralm 2½ Std., Ochsenkaralm — Stallenalm 2—2½ Std., Stallenalm — Weng 1 Std.

Anforderungen: Gut bezeichnete Wege und Steige; die Wanderung erfordert einige Ausdauer.
Höchste Punkte: Ochsenkaralm, 1915 m, Kaserjoch 2076 m.
Einkehrmöglichkeiten: St. Georgenberg, Stallenalm, Stallenrast.
Sehenswertes: St. Georgenberg, Wallfahrtskirche, alte Benediktinerabtei; eigenartiger Gebäudekomplex über dem Stallental. Im 10. Jahrhundert Einsiedelei, seit 1138 Kloster, mehrfach von Bränden und Lawinen beschädigt. Im Stallental wurde 1889 der letzte Nordtiroler Bär erlegt; kleines Denkmal, am Weg außerhalb der Stallenalm.

Die Wallfahrtskirche St. Georgenberg.

Der Aufstieg zum Kaserjoch: Beim Gehöft Weng verzweigen sich die Fahrwege ins Stallental und nach St. Georgenberg. Man hält sich rechts auf dem flachen Sträßchen, das bald ins Stallental einbiegt, wo man am gegenüberliegenden Hang das Kloster Georgenberg erblickt. Hinab ins Tal, über die Brücke und jenseits kurz empor zum Kloster mit Gasthof. Der mit Nr. 234 markierte Weg steigt von dort durch den steilen Wald hinauf zur Plattenalm und weiter in den obersten Seiergraben und zur Waldgrenze. Bei der Wegverzweigung hält man sich links zur Ochsenkaralm, weiter durch die grasigen Südhänge von Gamskarspitze und Kaserjochspitze nach Westen hinüber auf die flache grüne Einsattelung des Kaserjochs.

Abstieg ins Stallental: Vom Joch hält man sich zuerst gerade in südlicher Richtung abwärts; dann gegen rechts auf einen breiten Sattel; weiter jenseits stets rechts haltend hinab zur Naudersalm, 1864 m. Man geht weiter nach Westen über die Almböden, steigt dann südwärts über die „Nauderer Stiege" zum Rizuelhals, 1943 m, an. Jenseits steigt man ziemlich steil in den großen Grubachgraben ab, durch den man die Jausenstation Stallenrast und die Stallenalm erreicht. Von dort auf dem breiten Almweg talaus zum Gehöft Bauhof und kurz hinab nach Weng.

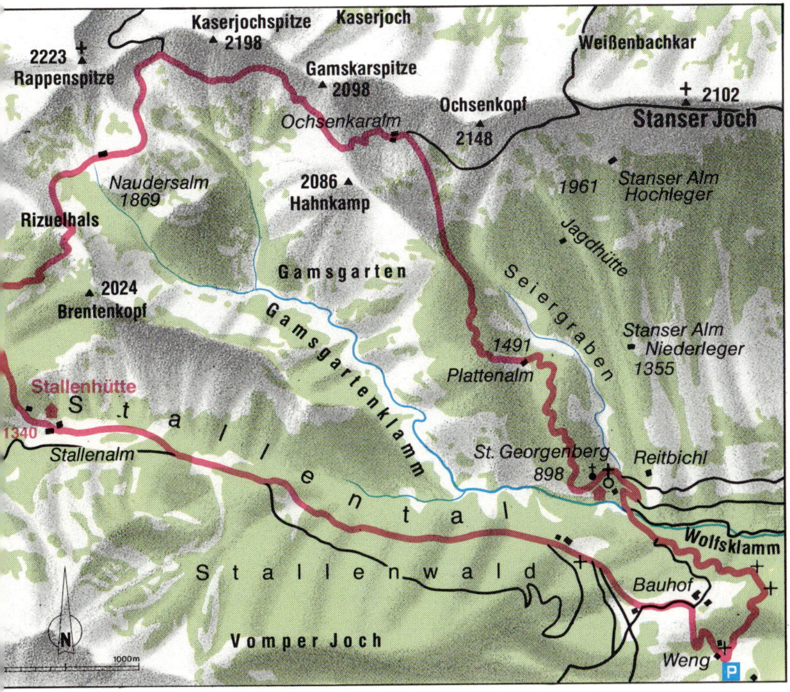

22 Rangger Köpfl, 1939 m

Alpenrosen und Bergweiden im Angesicht der Großstadt

Stiglreith — Roßkogelhütte — Rangger Köpfl — Krimpenbachalm — Gfass — Stiglreith

Talort: Oberperfuß, 812 m, großes Dorf mit vielen Weilern auf sonniger Terrasse, Sommer- und Winterfremdenverkehr (Roßkogellifte). Geburtsort der beiden Kartografen Peter Anich und Blasius Hueber, die im 18. Jahrhundert die erste vollständige Karte Tirols erstellten.
Ausgangspunkt: Stiglreith, 1363 m, Restaurant und Jausenstation, erste Zwischenstation der Roßkogellifte, auf schmaler, kurvenreicher, aber gut ausgebauter Straße 6 km von Oberperfuß.
Parkmöglichkeit: Parkplatz in Stiglreith.
Gehzeiten: Stiglreith — Roßkogelhütte 1 Sd., auf das Rangger Köpfl ½ Std., zur Krimpenbachalm ¾ Std., zurück nach Stiglreith 1—1½ Std.
Anforderungen: Gut bezeichnete und beschilderte Wanderwege.
Höchster Punkt: Rangger Köpfl, 1939 m.
Einkehrmöglichkeiten: Stiglreith, Roßkogelhütte.
Sehenswertes: Die Alpenrosen über der Waldgrenze am Rangger Köpfl; schöner Rundblick über das mittlere Inntal.

Die schmale Asphaltstraße zweigt ganz am südlichen Ortsende von Oberperfuß beim Weiler Schwaiger ab (Hinweistafel) und führt, kühn angelegt, am steilen Sonnenhang nach Stiglreith empor, einer kleinen Ansiedlung mit zwei Gastwirtschaften, bereits auf fast 1400 m Höhe.

Der Aufstieg zum Rangger Köpfl: Von Stiglreith folgt man entweder dem bezeichneten Weg etwas an der Südseite des langen, bewaldeten Rückens

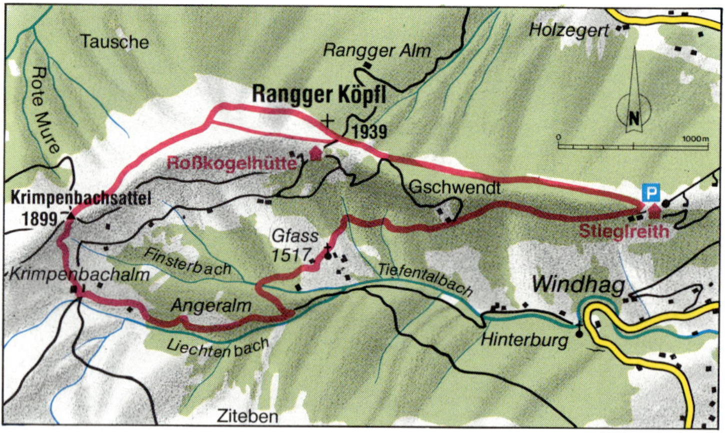

Blick vom Weg zum Rangger Köpfl gegen Osten auf die Kalkkögel.

hinauf zur Roßkogelhütte, oder man geht einfach der gerade in den Wald geschlagenen Schneise der Skiabfahrt entlang. Die Roßkogelhütte steht an der Waldgrenze, wo sich der Blick nun mehr und mehr nach allen Seiten weitet. Am besten folgt man dem sogenannten Alpenrosensteig (Tafel), der etwas an der Nordseite der kahlen Kuppe des Rangger Köpfls auf dieses emporführt. Von dieser runden, ebenso wie der östlich gegenüberliegende Patscherkofel von den Eiszeitgletschern abgeschliffenen Kuppe überschaut man an klaren Tagen das Inntal vom Mieminger Plateau bis zum Kellerjoch. Reizvoll der Anblick der Kalkkögel, die nebeneinander aufgereiht in ihrer ganzen Erstreckung sichtbar sind.

Der Rückweg: Man geht in weitem Bogen über die flachen Böden zum Krimpenbachsattel und südwärts zur Krimpenbachalm, von dort der Bezeichnung 10 folgend über die Angeralm und vorbei an den malerischen Bergbauernhöfen von Gfass zurück auf den Aufstiegsweg, den man etwa auf halber Höhe zwischen Stiglreith und der Roßkogelhütte erreicht.

23 Westfalenhaus, 2276 m

Fels- und Eislandschaft der Stubaier Alpen

Lisens — Oberer Weg — Westfalenhaus — Längentaler Alm — Fernerboden — Lisens

Talort: Gries im Sellrain, 1187 m, Hauptort des inneren Sellraintals mit schmuckem Kirchlein, Bauerndorf und aufstrebender Fremdenverkehrsort mit zahlreichen Gasthöfen und Pensionen. 14 km Straße von Kematen im Inntal. Postauto von Innsbruck.
Ausgangspunkt: Lisens, 1634 m, Endpunkt der Fahrstraße von Gries (6 km). Alter Gasthof mit Kapelle und Alm, seit dem 12. Jahrhundert im Besitz des Klosters Wilten. Postauto-Endstation.
Parkmöglichkeit: Beim Gasthof Lisens.

Gehzeiten: Lisens — Westfalenhaus 2 Std., für den Abstieg 1½ Std.
Anforderungen: Gut bezeichnete und beschilderte Steige.
Höchster Punkt: Westfalenhaus, 2276 m.
Einkehrmöglichkeiten: Lisens, Westfalenhaus.
Sehenswertes: Talschluß von Lisens mit Lisenser Ferner und Fernerkogel (die mächtige Pyramide unmittelbar südlich über Lisens); die Hochgebirgslandschaft des Längentals.

Vom Weg zum Westfalenhaus; Blick zurück nach Lisens.

Der Obere Weg zum Westfalenhaus: Von der kleinen Häusergruppe von Lisens geht man am westlichen Bachufer nach Süden und gleich am Hang empor; man wählt also nicht den Weg, der weiter in den flachen Talhinter-

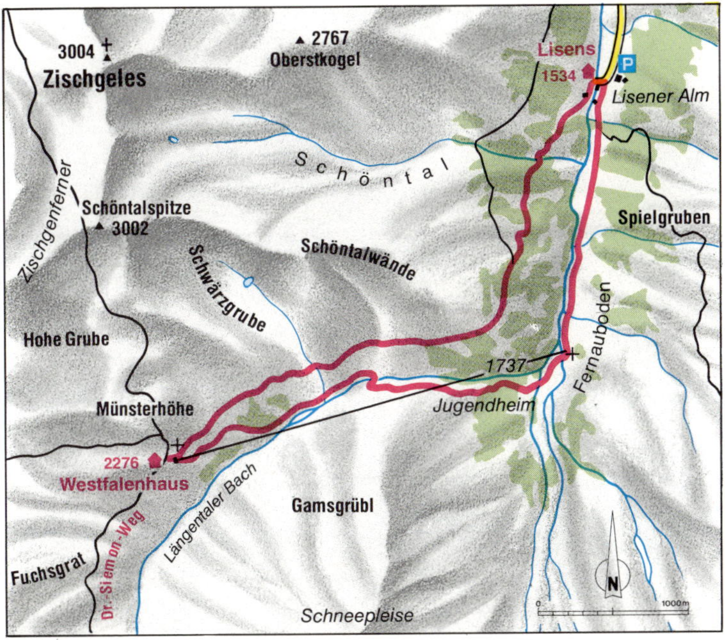

grund hineinführt (Hinweistafeln). Der Weg steigt allmählich, am Ausgang des kleinen Schöntals vorbei, an der Lehne der Schöntalwände entlang und wendet sich an der Waldgrenze, halben Wegs von Lisens, nach Westen in das Längental, durch dessen steile, zerfurchte, von Schafen beweidete Hänge man das schon von weitem sichtbare Westfalenhaus erreicht. Die Hütte wurde vor einigen Jahren in geglückter Weise erneuert und paßt gut in die Moränen-, Fels- und Weidelandschaft des inneren Längentals. Wer noch nicht müde ist, gehe ein Stück auf dem Dr.-Siemons-Weg von der Hütte fast eben nach Süden gegen die mächtigen Moränen des zurückgegangenen Längentaler Ferners.

Abstieg auf dem Unteren Weg: Der Untere Weg führt von der Hütte weg gleich nach rechts über die steilen Hänge hinunter auf den flachen Boden der Längentaler Alm, 1989 m, von der man über die nächste Steilstufe nahe dem (von der Überleitung zum Finstertaler Stausee angezapften) Wildbach auf den weiten ebenen Fernerboden, den innersten Talgrund des Lisenstals, gelangt. Über diesen talaus nach Lisens.

24 Schafleger, 2405 m

Zirben und Almen des Fotscher Tals

Bergheim in der Fotsch — Furggesalm — Schafleger und zurück

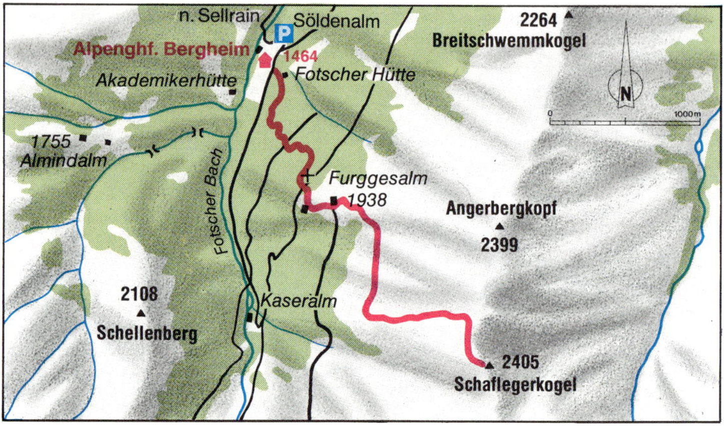

Talort: Sellrain, 938 m, Ferienort mit mehreren Gasthöfen und Pensionen, 6 km von Kematen im Inntal, Postauto von Innsbruck. Hier weitet sich das zunächst schluchtartige Sellraintal erstmals; nach Süden zweigt das waldige und unbesiedelte Fotscher Tal ab.
Ausgangspunkt: Ghf. Bergheim in der Fotsch, 1464 m, Zufahrt von Sellrain auf schmaler Schotterstraße.
Parkmöglichkeit: Beim Bergheim in der Fotsch.

Gehzeiten: Bergheim — Furggesalm 1 Std., Furggesalm — Schafleger 1½ Std., Abstieg zum Bergheim 1½—2 Std.
Anforderungen: Gut bezeichnete Waldwege und Steige.
Höchster Punkt: Schafleger, 2405 m.
Einkehrmöglichkeiten: Bergheim.
Sehenswertes: Die Zirben an der Waldgrenze; die Schönheit des Fotscher Tals ist durch neuere Forstwegbauten etwas beeinträchtigt.

Ähnlich wie das benachbarte Senderstal ist das Fotscher Tal vom Eifer der Erschließer und Fremdenverkehrsmanager noch weitgehend verschont geblieben; wenn auch die Pläne für die „Erschließung" des Fotscher Windegg alle Jahre wieder aus den Schubladen gekramt werden — und einmal abgesehen von den „Waldautobahnen" der neuen Forst- und Almwege, die mit wenig Gefühl für die Landschaft (und zukünftige Erosion) kreuz und quer das Gelände durchschneiden. Im Talhintergrund die felsige und vergletscherte Nordflanke der Hohen Villerspitze als Vorbote des Hochstubai.

Auf den Böden der Furggesalm.

Der Aufstieg zum Schafleger: Vom Bergheim in der Fotsch, beschaulich im Talgrund am Rand einer Lichtung gelegen, steigen wir am östlichen Talhang, vorbei an der Fotscher Hütte, auf dem Fußweg durch Wald an, bis wir bei einem Wegkreuz auf den Fahrweg zur Furggesalm stoßen. Wir folgen ihm ein Stück zur Unteren Alm und kürzen die letzte Kehre zur Oberen Alm über die Wiese ab. Von der Oberen Alm leitet der Steig in östlicher und südöstlicher Richtung über die freien Hänge, vorbei an großen Urgesteinsblöcken, einzelnstehenden Zirben und durch Alpenrosenstauden auf die flache Kuppe des Schaflegers.
Teilweise ist der Steig etwas undeutlich; in dem freien Gelände ist ein Verirren dennoch kaum möglich.

Abstieg: Auf dem gleichen Weg.

25 Salfeins, 2000 m

Grasberg zwischen Fotsch und Senderstal

Grinzens — Kaserl — Salfeinsalm — Salfeins — Grinzens

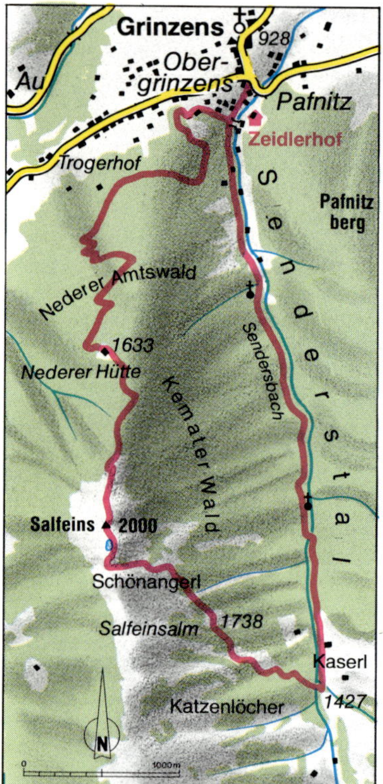

Talort: Grinzens, 928 m, das westlichste Dorf auf dem südwestlichen Innsbrucker Mittelgebirge, schön gelegen mit mehreren Gasthöfen und Pensionen. 5 km von der Autobahnausfahrt Kematen über die Olympiastraße/Axams. Postautoverbindung mit Innsbruck.
Ausgangspunkt: Abzweigung des Fahrwegs in das Senderstal in Obergrinzens beim ehemaligen Olympiacafé (Wegweiser).
Parkmöglichkeit: An der Straße bei der Abzweigung.
Gehzeiten: Grinzens — Kaserl 1 Std., Kaserl — Salfeins 1½—2 Std., Abstieg nach Grinzens 2 Std.
Anforderungen: Gute, bezeichnete Wege und Steige.
Höchster Punkt: Salfeins, 2000 m.
Einkehrmöglichkeit: Nur in Grinzens.
Sehenswertes: Schöner Rundblick auf Karwendel, Wetterstein und die Kalkkögel.

Der Aufstieg über die Salfeinsalm: Von der Abzweigung in Obergrinzens auf der anfangs asphaltierten, steilen Straße, aus der bald ein geschotterter Fahrweg wird, in das dicht bewaldete Senderstal. Der Weg führt in gleichbleibender Steigung neben dem Wildbach talein. Nach etwa einer Stunde gelangt man auf die erste Lichtung, die Mähder von Kaserl und Kälberstall, 1427 m. Hier verläßt man den Talweg nach rechts, überquert den Bach (Wegweiser) und steigt auf schwachem Fußsteig (markiert), stets etwas talaus (rechts, nordwärts) haltend hinauf zu der kleinen, abgeschiedenen Salfeinsalm, 1738 m. Hier lichtet sich bereits der Wald, und in weniger als einer Stunde erreichen wir die flache, grasige Höhe von Salfeins, 2000 m, mit einem kleinen See unterhalb des höchsten Punktes.

Blick durch das Senderstal auswärts; der Weg nach Salfeins führt durch die grüne Schneise nach links aufwärts.

Der Abstieg nach Grinzens: Der Abstieg erfolgt auf einem schmalen, aber gut kenntlichen und bezeichneten Waldsteig. Wir gehen nordwärts bis zu dem Kreuz auf dem letzten freien Eck, bevor wir in den Wald eintreten. Nun relativ steil durch den Wald stets nordwärts hinunter, vorbei an der Nederer Hütte, 1633 m, nach Obergrinzens. Bei den ersten Häusern auf einer Siedlungsstraße nach rechts auf den Senderstaler Fahrweg und kurz hinunter zum Ausgangspunkt der Wanderung an der Hauptstraße.

26 Sendersjöchl, 2477 m, Seejöchl, 2518 m

Grüne Almböden unter schroffen Felszinnen

Kemater Alm — Adolf-Pichler-Hütte — Sendersjöchl — Franz-Senn-Weg — Seejöchl — Adolf-Pichler-Hütte — Kemater Alm

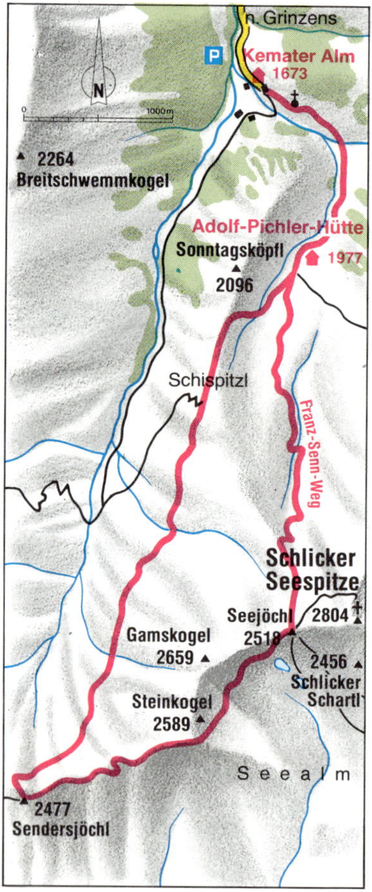

Talort: Grinzens, 928 m, siehe Wanderung 25.

Ausgangspunkt: Kemater Alm, 1673 m, Alm- und Gastwirtschaft im hintersten Senderstal, bis hierher mit Pkw oder Jeep-Taxi von Grinzens (Abzweigung in Obergrinzens beim ehemaligen Olympiacafé); zu Fuß 3 Std.

Parkmöglichkeit: Parkplatz an der Kemater Alm.

Gehzeiten: Kemater Alm — Adolf-Pichler-Hütte ¾ Std., Hütte — Sendersjöchl 2 Std., Rückweg übers Seejöchl zur Hütte 1½—2 Std., Abstieg zur Kemater Alm ½ Std.

Anforderungen: Gute, bezeichnete Wege und Steige.

Höchste Punkte: Sendersjöchl, 2477 m, 2550 m am Steinkogel (Franz-Senn-Weg), Seejöchl, 2518 m.

Einkehrmöglichkeiten: Kemater Alm, Adolf-Pichler-Hütte (Mitte Juni bis Ende September bew.).

Sehenswertes: Die eindrucksvollen Nordwestabstürze der Kalkkögel über steilen Schuttkaren und weiten Almböden.

Aufstieg zum Sendersjöchl: Von der Kemater Alm, wo man das Auto auf einem Wiesenparkplatz abgestellt hat, steigt man auf breitem, bequemem Weg zu der bald sichtbaren Adolf-Pichler-Hütte an, die nach einem Tiroler Geologen, Dichter und Freigeist der im 19. Jahrhundert üblichen liberal-antiklerikal-nationalen Mischung benannt ist. Von hier hat man einen guten Überblick über die als Kletter-

Blick von der Adolf-Pichler-Hütte gegen die Mittleren Kalkkögel (Schlicker Türme, Steingrubenkogel, Schlicker Nadeln).

gebiet berühmten und berüchtigten Kalkkögel, deren Kette sich, von hier gesehen, etwa gleich weit nach Nordosten einerseits und Süd und Südwest andererseits erstreckt. Hinter der Hütte hält man sich an der Wegteilung rechts und folgt dem Weg Nr. 117 auf das Sendersjöchl, wo sich der Blick ins Oberbergtal und auf die Gletscherwelt des Hochstubai weitet.

Der Franz-Senn-Weg: Diesen Höhenweg, der die gleichnamige Hütte mit der Adolf-Pichler-Hütte verbindet, verfolgen wir nun nach Osten und Nordosten, zunächst auf der Kammhöhe, dann südlich an den Gipfeln von Steinkogel und Gamskogel vorbei, zuletzt wieder fallend am obersten Rand der Schlicker Grube mit den zwei idyllischen Seen in das Seejöchl, wo Kalk und Urgestein aufeinander stoßen. Der Abstieg zurück zur Adolf-Pichler-Hütte erfolgt problemlos über die weiten Almböden nach Norden. Nun ist die Speckknödelsuppe auf der Hütte wohlverdient.

27 Kleine und Große Ochsenwand, 2553 und 2700 m

Im Herzen der „Dolomiten von Nordtirol"

Kemater Alm — Adolf-Pichler-Hütte — Alpenklubscharte — Kleine Ochsenwand — Große Ochsenwand und zurück

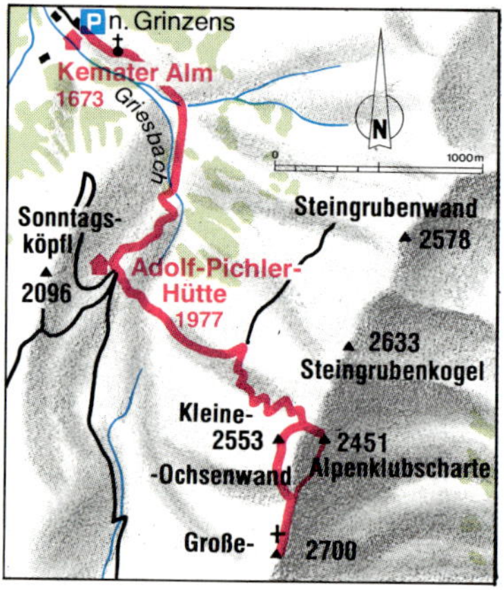

Talort: Grinzens, 928 m, siehe Wanderung 25.
Ausgangspunkt: Kemater Alm, 1673 m, Alm- und Gastwirtschaft im hintersten Senderstal, bis hierher auf Schotterstraße mit Pkw oder Jeep-Taxi von Grinzens (Abzweigung in Obergrinzens beim Olympiacafé); zu Fuß 3 Std.
Parkmöglichkeit: Parkplatz an der Kemater Alm.
Gehzeiten: Kemater Alm — Adolf-Pichler-Hütte ¾ Std., Hütte — Alpenklubscharte 1½ Std., auf die Kleine Ochsenwand 20 Min., Übergang zur Großen 30 Min., Abstieg zur Hütte 1½—2 Std.
Anforderungen: Im Anstieg zur Alpenklubscharte einige abschüssige, schottrige Stellen; der Übergang von der Kleinen zur Großen Ochsenwand ist ein gesicherter Klettersteig, der Bergerfahrung erfordert.
Höchste Punkte: Alpenklubscharte, 2451 , Kleine Ochsenwand, 2553 m, Große Ochsenwand, 2700 m.
Einkehrmöglichkeiten: Kemater Alm, Adolf-Pichler-Hütte.
Sehenswertes: Diese Tour führt mitten in die bizarre Felsenwelt der Kalkkögel, die man vom Gipfel der Großen Ochsenwand in ihrer Gesamtheit überblickt.

Aufstieg zur Kleinen Ochsenwand: Von der Kemater Alm wie in Wanderung 26 auf die Geländestufe, wo die Adolf-Pichler-Hütte steht. An der Wegabzweigung hinter der Hütte hält man sich links (Wegweiser) und folgt dem Weg über buckliges, von Felsblöcken übersätes Weideland gegen die Schuttströme, die von den Felsen herabziehen. Etwa dort, wo man auf den ersten Schuttstrom trifft, teilt sich der Weg. Man wendet sich rechts (Wegweiser) und steigt, teilweise etwas mühsam, in vielen Kehren durch das steile Schuttkar (Vorsicht wegen Steinschlag, Rücksicht auf nachfolgende Partien!) in die Alpenklub(AK)-Scharte, wo sich der Blick nach Süden weitet. Der Weg zur Kleinen Ochsenwand führt durch deren Südostflanke kurz empor auf den neuerdings mit einem Kreuz geschmückten Gipfel.

Große und Kleine Ochsenwand aus der Schlick, mit Zirmachalm.

Übergang von der AK-Scharte zur Großen Ochsenwand: Der Klettersteig auf die Große Ochsenwand ist ausgiebig mit Farbe markiert und kaum zu verfehlen. Da die Klammern und Stahlseile neu montiert sind, wird man sich ihnen ohne größeres Risiko anvertrauen können. Vorsicht ist trotzdem jederzeit geboten.

Der Abstieg erfolgt auf gleichem Weg.

28 Hochtennspitze, 2549 m

Die Zinnen und Türme der nördlichen Kalkkögel

Hoadl — Hochtennboden — Hochtennspitze — Widdersbergsattel — Halsl — Axamer Lizum

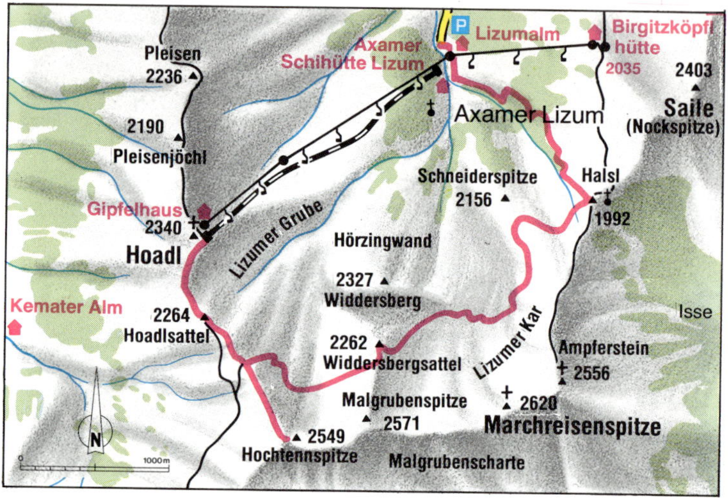

Talort: Axams, 874 m, durch die Olympischen Winterspiele 1964 bekanntgewordener Fremdenverkehrsort; Geburtsort des Tiroler Dramatikers Karl Schönherr (Gedenktafel am Geburtshaus).
Ausgangspunkt: Hoadl, 2340 m, Bergstation (mit Gipfelrestaurant) der Zahnradbahn Axamer Lizum — Hoadl.
Parkmöglichkeit: Großer Parkplatz an der Talstation in der Axamer Lizum.
Gehzeiten: Hochtennspitze, 1½ Std., zum Halsl 1½ Std., in die Lizum zurück ½ Std.

Anforderungen: Gut bezeichnete Steige; für die Besteigung der Hochtennspitze Trittsicherheit und gutes Schuhwerk erforderlich.
Höchster Punkt: Hochtennspitze, 2549 m.
Einkehrmöglichkeit: Hoadl-Gipfelrestaurant; in der Axamer Lizum.
Sehenswertes: Die wild zerrissenen Felsgestalten der Kalkkögel im Kontrast zu den sanften grünen Formen der Sellrainer Berge.

Die Kalkkögel wurden, nicht ganz zu Unrecht (wenn auch die Dimensionen andere sind), einmal als die Dolomiten Nordtirols bezeichnet; ebenso wie dort ragen hier die schroffen Türme und Zinnen unvermittelt aus den grünen Matten oder den charakteristischen weißen Schuttströmen (Reisen) empor. Ebenso wie dort sind mehrere der Gipfel nur auf schwierigeren Wegen zu ersteigen. Die Hochtennspitze ist für etwas geübte Geher leicht ersteigbar, am Weg zum Gipfel sind lediglich einige abschüssige, schotterige Stellen zu überwinden.

Aufstieg zur Hochtennspitze: Vom Hoadl steigt man kurz ab auf den grünen Hoadlsattel, 2264 m, von wo der Steig zum Hochtennboden nach links über den grünen Rücken aufwärts führt (rechts gelangt man zur Adolf-Pichler-Hütte). Der Hochtennboden ist eine weite Wiesenfläche, die nach allen Seiten steil abfällt. Man folgt dem im Bereich des Bodens undeutlichen Steig südwärts über den Rücken, umgeht einige Felszacken und Türme auf der rechten (westlichen) Seite und gelangt schließlich zu dem stumpfen schuttbedeckten Gipfel.

Abstieg über den Widdersbergsattel und das Halsl: Man steigt auf dem selben Weg zurück hinunter auf den Hochtennboden. Von hier leitet der bezeichnete Weg Nr. 111 stets etwas auf und ab über weite grüne Böden und durch Kare, nördlich vorbei an den wilden Abstürzen der Malgruben- und Marchreisenspitze, über den Widdersbergsattel auf das Halsl, 1992 m, einem seit alter Zeit begangenen Sattel; von hier nach Nordwesten durch den Graben zurück in die Axamer Lizum absteigen.

Blick vom Widdersbergsattel nach Osten auf Saile (links) und Ampferstein (rechts).

29 Saile (Nockspitze), 2403 m

Der nordöstliche Eckpunkt der Stubaier Alpen

Mutterer Alm — Pfriemesköpfl — Naturfreundehaus am Birgitzköpfl — Saile — Abstieg über die Pfriemeswand

Talort: Mutters, 830 m, 10 Autominuten von Innsbruck über die Brennerbundesstraße (oder von der Autobahnausfahrt Innsbruck-Süd). Nach Mutters auch von Innsbruck mit der Stubaitalbahn, von Wilten oder Stadtmitte (eingebunden in das Netz der Innsbrucker Straßenbahnen).
Ausgangspunkt: Mutterer Alm, 1608 m, Bergstation der Kleingondelbahn von Mutters. Es ist auch möglich, aus der Axamer Lizum mit dem Sessellift direkt aufs Birgitzköpfl zu fahren.
Parkmöglichkeit: Talstation der Mutterer-Alm-Bahn bzw. Axamer Lizum.
Gehzeiten: Mutterer Alm — Birgitzköpfl 1½ Std., auf die Saile 1¼ Std., Abstieg zur Mutterer Alm 1½ Std.
Anforderungen: Gut bezeichnete und beschilderte Steige, leicht, gutes Schuhwerk erforderlich. Der Abstieg über die Pfriemeswand erfordert jedoch Bergerfahrung.
Höchster Punkt: Saile, 2403 m.
Einkehrmöglichkeiten: Mutterer Alm, Naturfreundehaus am Birgitzköpfl.
Sehenswertes: Vom Gipfel schöne Rundsicht über Karwendel, Wetterstein, Stubaier und Zillertaler Alpen.

Der Gipfelaufbau der Saile.

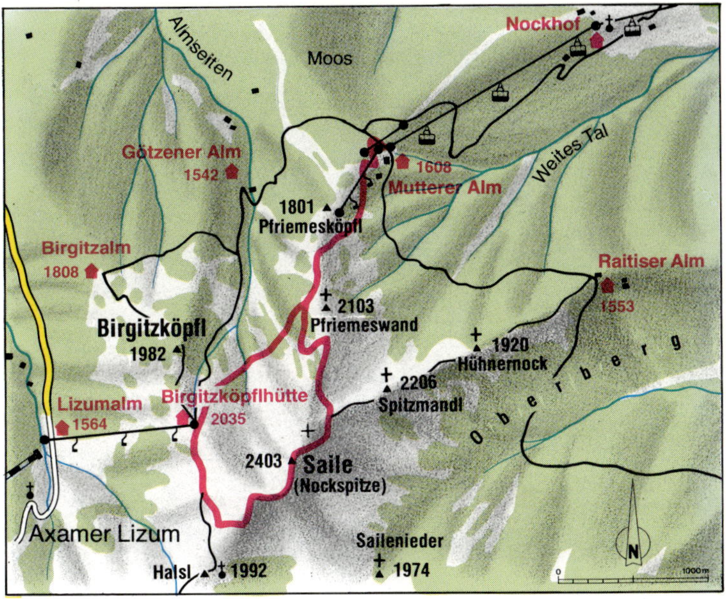

Aufstieg zur Saile über das Naturfreundehaus: Der Sessellift von der Mutterer Alm auf das Pfriemesköpfl ist im Sommer häufig außer Betrieb; man steigt also von der Alm kurz südwestwärts auf den grasigen Kopf empor. Der mit Nr. 111 bezeichnete Weg führt weiter nahe unter der schroffen Felsschulter der Pfriemeswand, stets leicht ansteigend, über teils mit Legföhren (Latschen genannt) bewachsene Hänge nach Südwesten zum Naturfreundehaus auf dem Birgitzköpfl. Hierher auch mit dem Lift aus der Axamer Lizum. Weiter führt der Weg in leichter Steigung unter den Schutt- und Schrofenhängen der Saile und vorbei an imposanten Lawinenverbauungen zur Wegverzweigung, bei der man sich links hält (rechts der Weg zum Halsl, vergleiche Wanderung 28). Über den breiten freien Rücken steigt man nun zum aussichtsreichen Gipfel der Saile hinauf, einer langgestreckten und an einigen Stellen steil abbrechenden Graskuppe.

Abstieg: Für Geübte lohnend ist der Abstieg vom Gipfel nach Norden auf dem teils schotterig-abschüssigen Steig, auf dem man über die Pfriemeswand zurück auf den Weg Nr. 111 gelangt. Ansonsten erfolgt der Abstieg auf gleichem Weg wie der vorhin beschriebene Aufstieg.

30 Pfarrachalm, 1736 m, und Kreither Alm, 1492 m

Almen und Lärchenwiesen im vorderen Stubai

Telfes — Pfarrachalm — Kreither Alm — Stockerhof — Telfeser Wiesen — Telfes

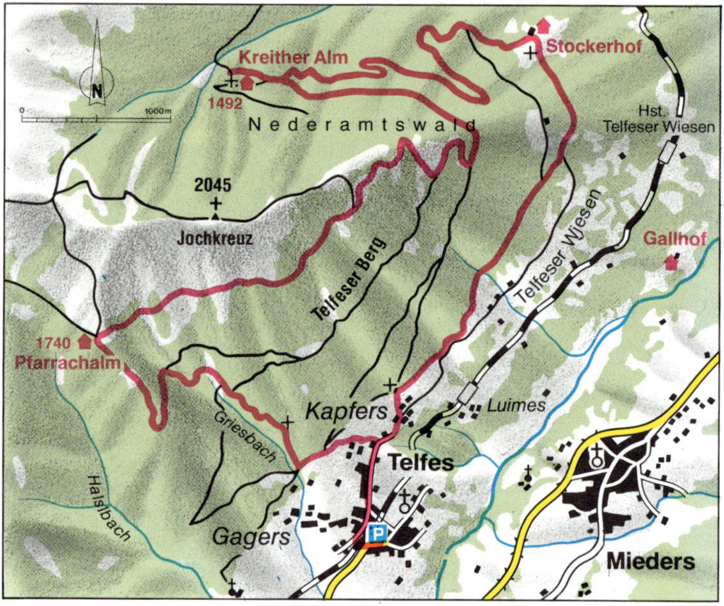

Talort: Telfes im Stubai, 994 m, schön gelegenes Dorf am Sonnenhang kurz talaus von Fulpmes, von dort in wenigen Minuten mit Pkw; oder von Innsbruck mit der Stubaitalbahn.
Ausgangspunkt: Ortsmitte Telfes.
Parkmöglichkeit: Im Ort Telfes.
Gehzeiten: Telfes — Pfarrachalm 2 Std., Pfarrachalm — Kreither Alm 1 Std., Abstieg zum Stockerhof ½ Std., Stockerhof — Telfes 1 Std.
Anforderungen: Gut bezeichnete Wege.
Höchste Punkte: Pfarrachalm, 1736 m, Kreither Alm, 1492 m.
Einkehrmöglichkeiten: Pfarrachalm, Kreither Alm, Stockerhof.
Sehenswertes: Die Lärchenwiesen von Telfes als derzeit noch im originalen Zustand verbliebene alpine Kulturlandschaft. Ausblick auf die Brennerautobahn mit der Europabrücke, erbaut 1963, seinerzeit die höchste Pfeilerbrücke Europas, sowie auf Fels und Eis der Zillertaler Alpen im Südosten.

Blick von den Telfeser Wiesen nach Südosten auf die Tuxer Alpen.

Der Aufstieg zur Pfarrachalm: Durch den Ort Telfes auf der Straße zwischen neuen Siedlungshäusern hinauf zum Waldrand. Der Fahrweg zur Alm (im Winter beliebte Rodelbahn) führt in weiten, flachen Kehren zur Alm empor, für zügige Geher empfiehlt sich der steile alte Fußweg, der rechts vom Graben ziemlich gerade emporleitet (Bezeichnung 13).

Übergang zur Kreither Alm: Von der Pfarrachalm auf einem unbezeichneten, aber deutlichen Steig gerade ostwärts, durch ein kleines Waldstück, dann über freie Hänge stets in gleicher Höhe hinüber auf den waldigen Rücken, der vom Nederjoch ostwärts gegen das Wipptal hinunterzieht. Auf diesem Rücken über den breiten Weg einige Kehren abwärts, bis der mit 14 bezeichnete Fußweg nach links abbiegt. Auf ihm wiederum etwas ansteigend durch Wald zur Kreither Alm.

Rückweg nach Telfes: Von der Kreither Alm steigen wir nach Osten, südlich über dem Graben des Sagbaches, zum Stockerhof, 1156 m, ab, einem schön gelegenen Gasthof auf der Talterrasse, die vom südwestlichen Innsbrucker Mittelgebirge nach Süden ins Stubaital hineinzieht. Der Rückweg von hier nach Telfes zählt besonders im Herbst, wenn die Lärchen sich gelb färben, zum lohnendsten, was es für den Wanderer in diesem Gebiet gibt. Eine Wanderung über die Telfeser Wiesen, wobei man die Stubaitalbahn für den Rückweg benützen kann, ist in jedem Fall empfehlenswert.

31 Kleiner und Hoher Burgstall, 2436 und 2611 m

Am südlichsten Eck der Kalkkögel

Kreuzjoch — Kleiner Burgstall — Hoher Burgstall — Starkenburger Hütte — Kaserstattalm — Knappenhütte — Froneben — Fulpmes

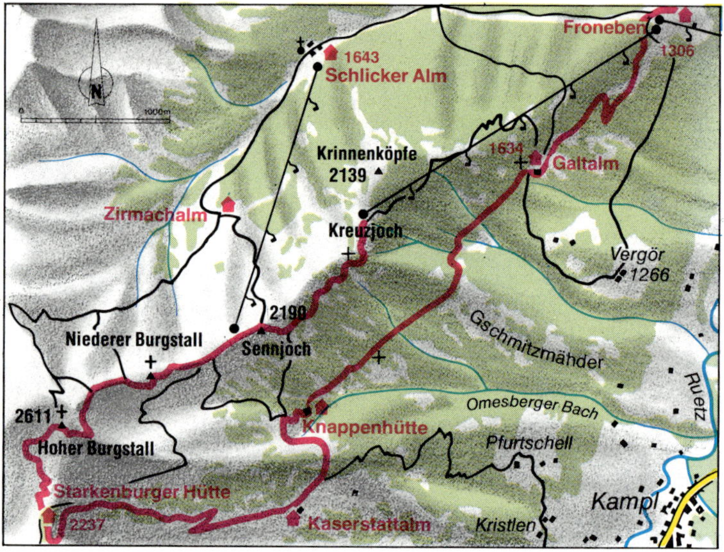

Talort: Fulpmes, 937 m, der Hauptort des vorderen Stubaitals, traditionsreiche Schmiedeindustrie. Stubaier Schmiedemuseum im Gebäude der letzten erhaltenen Stubaier Hammerschmiede, geöffnet Juni bis Oktober, Mittwoch 14—17 Uhr. Mit Auto in wenigen Minuten von der Autobahnausfahrt Schönberg der Brennerautobahn. Busverkehr von Innsbruck.
Ausgangspunkt: Bergstation Kreuzjoch der Schlick-2000-Lifte, 2020 m.
Parkmöglichkeit: Parkplatz an der Lift-Talstation, die sich am Waldrand oberhalb von Fulpmes befindet.

Gehzeiten: Kreuzjoch — Kleiner Burgstall 1 Std., zum Hohen Burgstall ¾ Std., Abstieg zur Starkenburger Hütte ¾ Std., Abstieg nach Fulpmes 2½ Std.
Anforderungen: Für die Besteigung der Gipfel ist Trittsicherheit und gutes Schuhwerk erforderlich. Durchwegs gut bezeichnete Wege und Steige.
Höchster Punkt: Burgstall, 2611 m.
Einkehrmöglichkeiten: Starkenburger Hütte, Kaserstattalm, Knappenhütte, Galtalm, Froneben.
Sehenswertes: Schöne Rundsicht auf Kalkkögel, Serleskamm und Hochstubai.

Der Aufstieg: Von der Bergstation Kreuzjoch (Panoramarestaurant) folgt man dem guten und reichlich markierten und beschilderten Steig meist südlich der Kammhöhe zur begrünten Kuppe des Kleinen Burgstall, den man auch südlich umgehen kann. Wenn man sich die Besteigung der Gipfel nicht zutraut, ist es möglich, noch vor Erreichen des Kleinen Burgstall nach links abzubiegen und direkt fast eben zur Starkenburger Hütte hinüberzugehen. Der Weg vom Kleinen Burgstall biegt in die Südflanke des Hohen Burgstall aus und gewinnt diesen Gipfel von Süden. Die Aussicht von hier ist prächtig; an manchen sonnigen Spätsommertagen finden gar nicht alle Besucher Platz auf der kleinen Fläche um das Gipfelkreuz.

Der Abstieg: Ein kleines Stück nach Süden auf dem Aufstiegsweg zurück hinunter, dann rechts ab und über die steilen schrofendurchsetzen Grashänge hinab zu der weithin sichtbar auf einer Geländeschulter erbauten Starkenburger Hütte, 2237 m. Der weitere Abstieg auf gut bezeichneten und beschilderten Almwegen ist zwar etwas langwierig, aber mit zahlreichen Gaststätten gewürzt, die zur Rast einladen. Als erstes erreichen wir die Kaserstattalm, 1890 m, noch nahe der Waldgrenze, weiter geht es nach Nordosten stets in leichtem Gefälle über Knappenhütte und Galtalm, 1634 m, hinunter nach Froneben, 1338 m, der ersten Zwischenstation der Schlicker Bergbahnen. Vermutlich wird man erst nach 16.45 Uhr hier eintreffen und die Bahn ihren Betrieb eingestellt haben, so daß man als Draufgabe auch noch zu Fuß auf dem Fahrweg nach Fulpmes gehen muß, dessen Kehren man zum Teil auf Steigen abkürzen kann.

Blick vom Kreuzjoch nach Südwesten (Pinnistal, Habicht).

32 Pinnistal

Tal mit vielen Almwirtschaften

Elferlift-Bergstation — Pinnisalm — Karalm — Pinnisalm — Herzebenalm — Obergasse — Neustift

Talort: Neustift, 993 m, Hauptort des hinteren Stubaitals, mit der größten Hallenkirche Tirols (aus dem späten 18. Jahrhundert) und schönem alten Friedhof; ein Zentrum des neuzeitlichen Tourismus mit vielen Hotels, Gasthöfen, Pensionen; Freizeitzentrum; Skilifte am Elfer; die Stubaier Gletscherbahn ist nicht fern.
Ausgangspunkt: Bergstation des Elferlifts, 1794 m; die Talstation befindet sich am südöstlichen Ortsrand von Neustift.
Parkmöglichkeit: Parkplatz an der Talstation.
Gehzeiten: Liftstation — Pinnisalm 1¼ Std., Pinnisalm — Karalm und zurück 1 Std., Pinnisalm — Herzebenalm 1 Std., Herzebenalm — Neustift 1¼ Std.
Anforderungen: Gut bezeichnete und beschilderte Wander- und Fahrwege.
Höchster Punkt: ca. 2000 m, oberhalb der Elferlift-Bergstation.
Einkehrmöglichkeiten: Elferhütte (kleiner Abstecher), Karalm, Pinnisalm, Issenangeralm, Herzebenalm.
Sehenswertes: Almböden und Lärchenwiesen mit malerischer Bergkulisse; zur einen Seite die Fels- und Eisflanken des Habicht, zur anderen die Kalkmassive von Kirchdach- und Ilmspitzen.

Das zerklüftete Elfermassiv.

Vom Elferlift zur Karalm: Von der Liftstation steigt man ein wenig über den Rücken in Richtung auf die Elferhütte an, die man ohne großen Umweg „mitnehmen" kann. Etwa 100 Höhenmeter unter der Hütte zweigt der mit Nr. 6 bezeichnete Weg in die westliche Talflanke des Pinnistals ab, steigt zunächst noch etwas an und quert dann auf ca. 2000 m Höhe südwärts bis zur Ransenalm, von wo er in gleichmäßigem Gefälle in den Talgrund absteigt, den wir bei der Pinnisalm, 1560 m, erreichen. Wer will, kann durch das malerische Tal noch einwärts bis zur Karalm gehen.

Der Weg durch das Pinnistal auswärts: Der Talweg ist nirgends zu verfehlen. Von der Pinnisalm auswärts ist es ein breiter Fahrweg, der jedoch für private Pkw gesperrt ist, so daß der Wanderer nur gelegentlich einem Geländefahrzeug der Almbewirtschafter oder Forstleute oder dem Jeep-Taxi ausweichen muß, das vom Ortsteil Neder zur Pinnisalm verkehrt. Auf dem Weg talaus kommen wir an der Issenanger- und Herzebenalm vorbei, wo stattliche gemauerte Gebäude darauf hinweisen, daß hier ein reiches Kloster wirtschaftete. Beide Almen weisen Gastbetriebe auf. Unterhalb der Herzebenalm wird das Tal steil und eng, der Weg hält sich stets in der Nähe des Baches. Wo wir wieder ins Freie und zu den ersten Häusern von Neder gelangen, links auf Sträßchen zurück zur Liftstation.

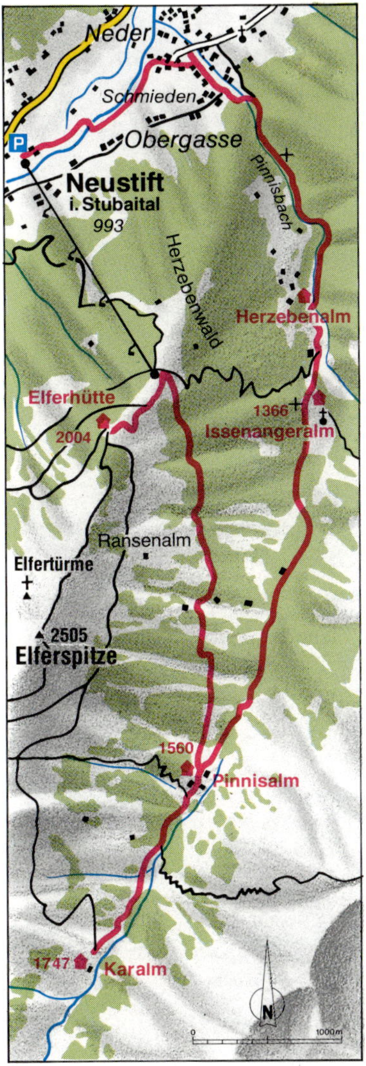

33 Waldraster Jöchl, 1879 m, und Gleinser Mähder

Lärchenwiesen und ein altes Wallfahrtszentrum im Gebirge

Koppeneck — Maria Waldrast — Waldraster Jöchl — Gleinser Höfe — Mieders

Maria Waldrast gegen den Tuxer Hauptkamm.

Talort: Mieders, 952 m, aufstrebender Fremdenverkehrsort am Eingang des Stubaitals, 2 km von der Autobahnausfahrt Stubaital/Schönberg. Busverkehr von Innsbruck.
Ausgangspunkt: Bergstation Koppeneck des Serlesliftes; die Talstation befindet sich am südwestlichen Ortsausgang (an der alten Straße).
Parkmöglichkeit: Parkplatz am Lift.
Gehzeiten: Koppeneck — Maria Waldrast ½ Std., Waldrast — Gleins 1½ Std., Gleins — Mieders ½ Std.
Anforderungen: Wanderwege.
Höchste Punkte: Waldraster Jöchl, 1879 m, Gleinser Boden, 1785 m.
Einkehrmöglichkeiten: Koppeneck, Ghf. Ochsenhütte, Maria Waldrast, Gleinser Höfe.
Sehenswertes: Die Gleinser Mähder sind botanisch interessant. Maria Waldrast, Kloster des Servitenordens, barocke Wallfahrtskirche mit Gnadenbild der Muttergottes.

Nach Maria Waldrast: Von Mieders bringt uns der Serleslift auf das Koppeneck, 1625 m; etwas oberhalb im Wald befindet sich das Gasthaus Ochsenhütte. Vom Koppeneck als auch von der Ochsenhütte führen Waldwege nach Süden zum Waldraster Sattel, 1692 m, wo die alten Kreuzwege zusammentreffen, die von Medraz, Fulpmes und Mieders nach Waldrast führen. Das Kloster Waldrast, mit Wallfahrtskirche und Gaststätte, liegt auf 1636 m, kurz unterhalb des Sattels im Angesicht der Tuxer Berge. Die Waldrast ist auch von Matrei auf einer Mautstraße erreichbar.

Über das Waldraster Jöchl zu den Gleinser Höfen: Von der Waldrast steigen wir nun genau nach Norden durch den steilen Wald hinauf, vorbei an der Auffindungskapelle, die den Platz markiert, wo der mittelalterliche Hirte das Gnadenbild, in einem Baumstamm eingewachsen, gefunden hat, und auf die kleine Lichtung mit Kreuz auf der Höhe des Waldraster Jöchl, 1692 m, nicht zu verwechseln mit dem vorgenannten Sattel (Joch oder Jöchl kann auch die Bezeichnung für einen Gipfel sein). Nun auf dem mit Nr. 19 bezeichneten Weg stets nordwärts („Gleinser Steig") über die schönen Gleinser Mähder hinaus zu den Höfen von Gleins, einem kleinen Ort (mit Gasthaus) am Berghang über Mieders.

Abstieg nach Mieders: Auf dem Fahrweg westwärts hinab in den Graben des Zirkenbachs, ihm entlang hinaus nach Mieders und südlich ober dem Dorf vorbei zurück zur Lift-Talstation.

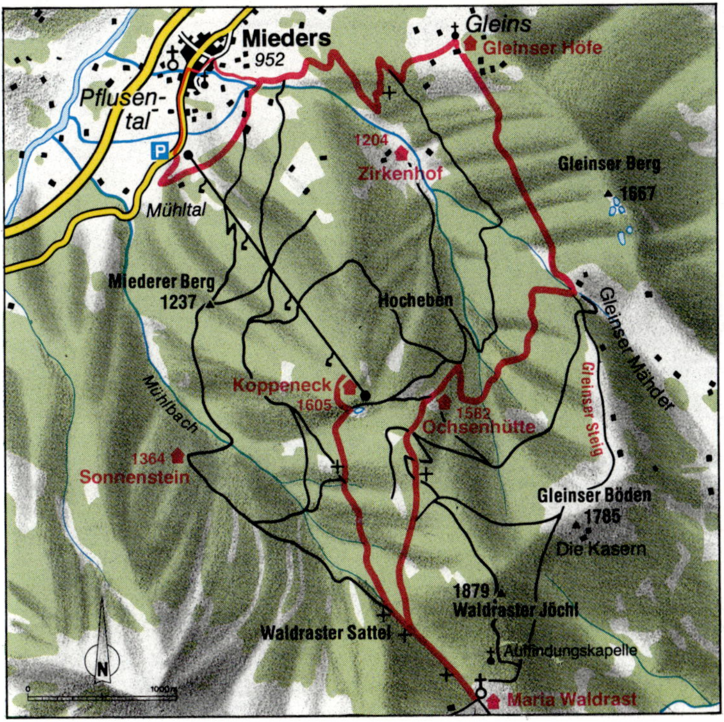

34 Blaser, 2241 m

Grüne Höhen über dem Wipptal

Siebenbrunnenquelle (nahe Maria Waldrast) — Blaserhütte — Blaser — Blaserhütte — Hablerberg — Trinser Steig — Mutterbrunnenquelle

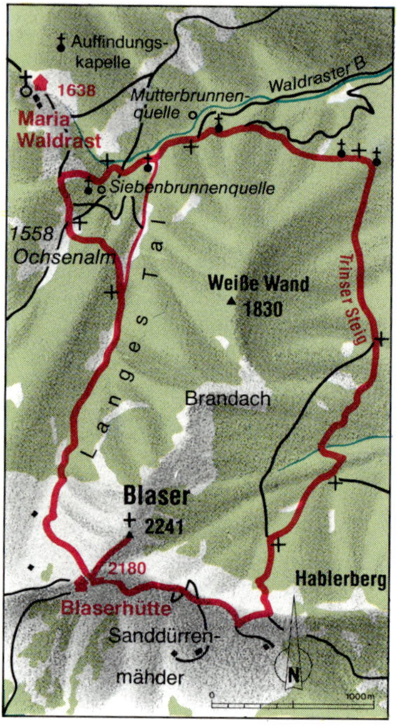

Talort: Matrei am Brenner, 992 m, Marktgemeinde an der alten Brennerstraße, die schon zur Römerzeit, vom Brenner kommend, hier über die Sill und weiter über Pfons nach Ellbögen führte (vgl. Wanderung 41). Zahlreiche Gasthöfe an der malerischen Hauptstraße. Autobahnausfahrt Matrei-Steinach.
Ausgangspunkt: Die „Siebenbrunnenquelle" an der Mautstraße nach Maria Waldrast; Wegabzweigung zum Blaser (Wegweiser); oder, kaum länger, von Maria Waldrast. Die Mautstraße zweigt von der Brenner-Bundesstraße am nördlichen Ortsausgang von Matrei ab und führt über das Dorf Mützens durch das Waldraster Tal zum Kloster Maria Waldrast.
Parkmöglichkeit: An der Straße bei der Abzweigung; oder bei Waldrast.
Gehzeiten: Siebenbrunnenquelle — Blaser 2 Std., für den Abstieg über Hablerberg und Trinser Steig nochmals 2 Std.
Anforderungen: Gut bezeichnete Wege und Steige. Das Gebiet des Blaser ist Naturschutzgebiet!
Höchster Punkt: Blaser, 2241 m.
Einkehrmöglichkeiten: Blaserhütte (private Jausenstation); evtl. Maria Waldrast.
Sehenswertes: Kloster Maria Waldrast (siehe Wanderung 33); die Alpenflora auf dem Blaser.

Aufstieg zum Blaser: Etwa 10 Gehminuten unter Maria Waldrast, bei einer großen Kehre am Talgrund, liegt die Siebenbrunnenquelle, einst für die Wallfahrer von Matrei her eine Station auf dem Weg. Etwas unterhalb zweigt der Weg zum Blaser nach links ab (Wegweiser bei Marterl). Hier links auf Steig durch lichten Wald, dann durch das „Lange Tal" südwärts in leichter Steigung talein. Auf dem Steig später in Kehren durch das Kar empor auf den breiten Sattel (Schluimessattel), 2114 m. Hier links über die üppigen Grashänge des Blaser aufwärts und bald zur flachen Kuppe des Gipfels. Etwas unterhalb die kleine Blaserhütte; im Sommer Gastbetrieb.

Spätherbst, südlich unter dem Blaser, Blick nach Südosten gegen den Tuxer Hauptkamm.

Abstieg über den Trinser Steig: Vom Gipfel kurz zurück zur Blaserhütte; dann auf bezeichnetem Steig (Nr. 11) ostwärts über den freien Rücken hinunter zur Kuppe des Hablerberges, 1937 m. Von hier ist es auch möglich, nach Steinach (ostwärts durch Wald) oder nach Süden über den sonnigen Hang nach Trins im vorderen Gschnitztal abzusteigen. Der sogenannte „Trinser Steig" führt nun vom Hablerberg nordwärts in das kleine Statzer Tal, überquert es nahe seinem Ursprung und hält sich von nun an stets in etwa gleicher Höhe durch die Wälder oberhalb von Matrei nach Norden, bis er um den Rücken herum, an einigen der in diesem Gebiet sehr häufigen Kapellen vorbei, in das Waldraster Tal einbiegt und die Mautstraße etwas unterhalb des Ausgangspunkts bei der sogenannten Mutterbrunnenquelle wieder erreicht.

35 Innsbrucker Hütte, 2370 m, und Kalkwand, 2564 m

Zwischen Habicht und Hauptkamm

Gschnitz — Innsbrucker Hütte — Kalkwand und zurück

Talort: Gschnitz, 1242 m, das hintere der zwei Dörfer des Gschnitztals, kleine Ortschaft mit schmucker Kirche, einiger Fremdenverkehr, mehrere Gasthöfe und Pensionen, Schlepplift; Postauto von Steinach. Auf der Straße von Steinach über Trins 10 km.
Ausgangspunkt: Wegabzweigung am südwestlichen Ortsausgang.
Parkmöglichkeit: An der Straße.
Gehzeiten: Gschnitz — Innsbrucker Hütte 3 Std., Innsbrucker Hütte — Kalkwand 1 Std., Abstieg zur Hütte ¾ Std., Abstieg Hütte — Gschnitz 2 Std.
Anforderungen: Gut bezeichnete Steige; für die Kalkwand gutes Schuhwerk erforderlich.
Höchster Punkt: Kalkwand, 2564 m.
Einkehrmöglichkeit: Innsbrucker Hütte.
Sehenswertes: Schöne Rundsicht auf Habicht-Serles-Kamm und den Stubaier Hauptkamm (Tribulaune).

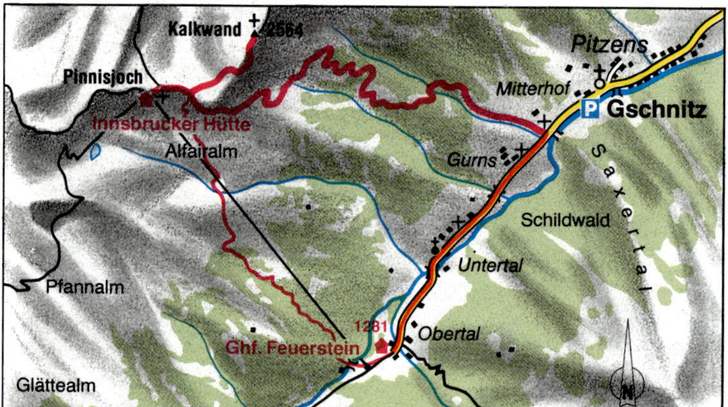

Aufstieg zur Innsbrucker Hütte: Gleich westlich außerhalb des Dorfes zweigt bei einem Wegkreuz der neue Hüttenweg zum Pinnisjoch ab, wo die Innsbrucker Hütte steht. Er führt zunächst abwechslungsreich über Almweiden und durch Waldstücke empor, wobei mehrere Gräben überschritten werden. Weiter geht es in Kehren über die steilen Hänge bis gegen die Jochhöhe empor. Zuletzt führt der Weg (Nr. 123) von Osten her mäßig ansteigend zur Hütte. Die Innsbrucker Hütte wurde vor wenigen Jahren in geglückter Weise modernisiert; sie steht in aussichtsreicher Lage etwas westlich auf der Höhe des Pinnisjochs.

Aufstieg zur Kalkwand: Der vielzackige Grataufbau der Kalkwand ragt wenig nordöstlich über dem Pinnisjoch auf und ist von der Innsbrucker Hütte auf gutem bezeichneten Steig in einer Stunde ersteigbar. Der Steig zweigt am Pinnisjoch vom vorhin beschriebenen Hüttenweg links ab (Wegweiser), führt zunächst durch die schottrige Nordwestseite, dann auf die Grathöhe und schließlich über die grasige, von Schrofen durchsetzte Südseite zum höchsten Punkt, dem breiten Schutt- und Blockgipfel mit Kreuz. Der Steig leitet noch weiter bis auf die Almböden am Fuß der Ilmspitzen, schroffen, selten erstiegenen Kalkgipfeln.

Der Abstieg erfolgt auf gleichem Weg. Der ältere Hüttenweg führt von der Innsbrucker Hütte nahe der Trasse der Materialseilbahn sehr steil in das hintere Gschnitztal hinab; er ist weniger anzuraten.

Habicht (Bildmitte); ganz rechts die Kalkwand.

36 Lichtsee, 2104 m, und Trunajoch, 2153 m

Idyllischer Bergsee auf weiten Almböden

Obernberg (Spörr) — Lichtsee — Trunajoch — Kastenalm — Innerthal — Obernberg

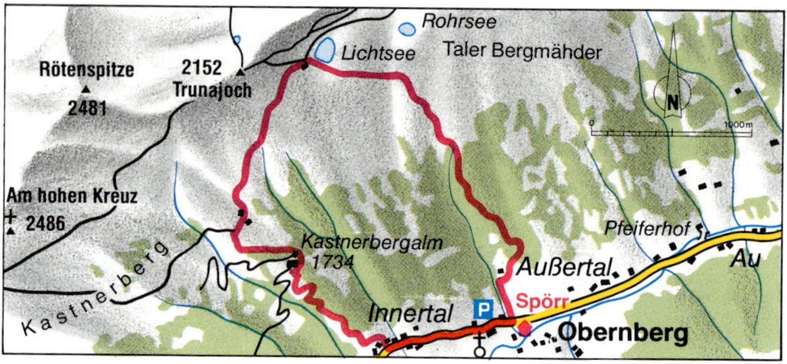

Talort: Obernberg, 1393 m, weitverstreutes Bauerndorf mit schmucker Kirche auf einem Hügel etwas außerhalb der Hauptsiedlung; Fremdenverkehr, einige Gasthöfe und Pensionen; auf guter Autostraße von Gries am Brenner; Autobahnausfahrt Nößlach.
Ausgangspunkt: Ortsmitte, beim Ghf. Spörr.
Parkmöglichkeit: Im Ort.
Gehzeiten: Obernberg — Lichtsee 2 Std., Lichtsee — Trunajoch ½ Std., Abstieg über die Kastenalm nach Innerthal und zurück nach Obernberg 2½ Std.
Anforderungen: Gut bezeichnete Almsteige und Wege.
Höchste Punkte: Lichtsee, 2104 m, Trunajoch, 2153 m.
Einkehrmöglichkeit: Nur in Obernberg.
Sehenswertes: Der Lichtsee, in einzigartiger Lage im Angesicht der Tribulaune und des Tuxer Hauptkamms.

Von den Bergseen Tirols einer der schönsten ist der Lichtsee. Er liegt fast auf der Kammhöhe zwischen Gschnitz- und Obernbergtal auf weiten, grasigen Böden, gegenüber die eisstarrenden Gipfel des Tuxer Hauptkamms, Fußstein, Olperer und Schrammacher, südlich der von Wäldern umrahmte Obernberger See im Hintergrund des Obernbergtals und die Felswildnis der Tribulaune. Da die Wanderung über freie Südhänge verläuft, ist sie eher für den Herbst zu empfehlen, wenn die größte Hitze vorbei ist.

Der Aufstieg: Der mit Nr. 125 bezeichnete Weg zweigt in der Ortsmitte von Obernberg (beim Gasthof Spörr) nach rechts ab und führt ziemlich steil und gerade zum Lichtsee hinauf, von dem man in kurzer Zeit westwärts zum Trunajoch gelangt, wo der Blick sich nach Norden auf Gschnitztal und Serles-Habicht-Kamm weitet.

Obernberg mit dem Tuxer Hauptkamm im Hintergrund.

Der Abstieg: Vom See weg führt der bezeichnete Almsteig südwestwärts hinab zu den Hütten der Kastenalm, 1743 m, von wo man auch auf dem breiten Fahrweg ins hintere Obernbergtal absteigen kann. Der Fußweg führt von der Alm unmittelbar zum Talboden hinunter, den man bei der Häusergruppe von Innerthal erreicht. Von dort der Talstraße entlang nach Obernberg zurück.

37 Lanser Köpfe, 930 m

Abwechslungsreiche Mittelgebirgswanderung

Wilten — Lanser Kopf — Lanser See — Mühlsee — Aldrans — Schloß Ambras

Talort: Innsbruck, 574 m, siehe S. 10.
Ausgangspunkt: Wilten, 594 m, südlicher Stadtteil von Innsbruck, schon zur Römerzeit besiedelt, Prämonstratenserstift (seit 1138), sehenswerter barocker Bau; gleich daneben die Wiltener Basilika, eine der schönsten Tiroler Rokokokirchen. Südlich über Wilten die Olympia-Sprungschanze. Endstation der Straßenbahnlinie 1.
Parkmöglichkeit: Beim Stift Wilten.
Gehzeiten: Wilten — Lanser Kopf 1 Std., Lanser Kopf — Schloß Ambras 1½ Std., Ambras — Wilten ½ Std.

Anforderungen: Bequeme, gut bezeichnete Wanderwege.
Einkehrmöglichkeiten: In Wilten (Ghf. Bierstindl), mehrere Gasthöfe in Aldrans, im Schloß Ambras.
Sehenswertes: Schloß Ambras, im Mittelalter Burg der Grafen von Andechs; 1564—67 von Erzherzog Ferdinand II. für seine bürgerliche Gemahlin Philippine Welser zu einem bombastischen Schloß ausgebaut. Heute Museum mit interessanter historischer Sammlung. Das Schloß ist von einem weitläufigen Park umgeben.

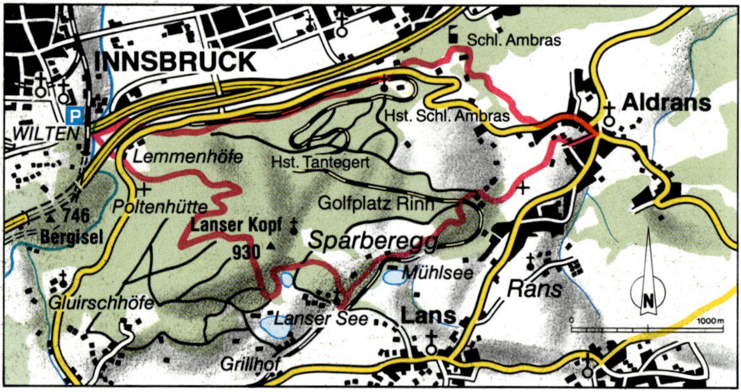

Von Wilten auf die Lanser Köpfe: Vom Stift Wilten bzw. der Endstation der Linie 1 geht man an der Straße kurz nach Südosten zur Sill, die hier mit einer Schlucht ins Inntal austritt, überwindet die Innsbruck im Süden umfahrende Inntalautobahn auf einer Fußgängerbrücke, steigt auf der ehemaligen Igler Straße kurz hinauf zum Gasthof Bretterkeller, überquert oberhalb die neue Igler Straße und folgt nun einem der vielen einander häufig kreuzenden Waldwege in ungefähr südöstlicher Richtung hinauf auf den

Schloß Ambras.

höheren der zwei Lanser Köpfe, einer waldigen Erhebung zwischen Inntal und südlichem Mittelgebirge.

Weiterweg über die Seen nach Aldrans: Vom Lanser Kopf steigt man nach Süden kurz hinunter gegen den Lanser See, einem beliebten und an heißen Sommertagen rettungslos überfüllten Badesee der Innsbrucker. Man biegt noch vor dem See nach Osten und gelangt an dem kleinen Lanser Moos, einem durch Torfgewinnung entstandenen Teich, vorbei zum Mühlsee, einem gleichfalls hübsch gelegenen, dem Publikum allerdings verwehrten kleinen See, und weiter durch ein Wiesental etwas absteigend stets in gleicher Richtung zum Dorf Aldrans.

Von Aldrans über Ambras nach Wilten zurück: Von Aldrans steigt man kurz über die Wiesen zum Schloßpark und Schloß Ambras ab, nun auf Waldwegen oberhalb der Autostraße westwärts nach Wilten zurück.

38 Von Sistrans nach Rinn

Über die Dörfer

Sistrans — Rinn — Judenstein — Wiesenhöfe — Sistrans

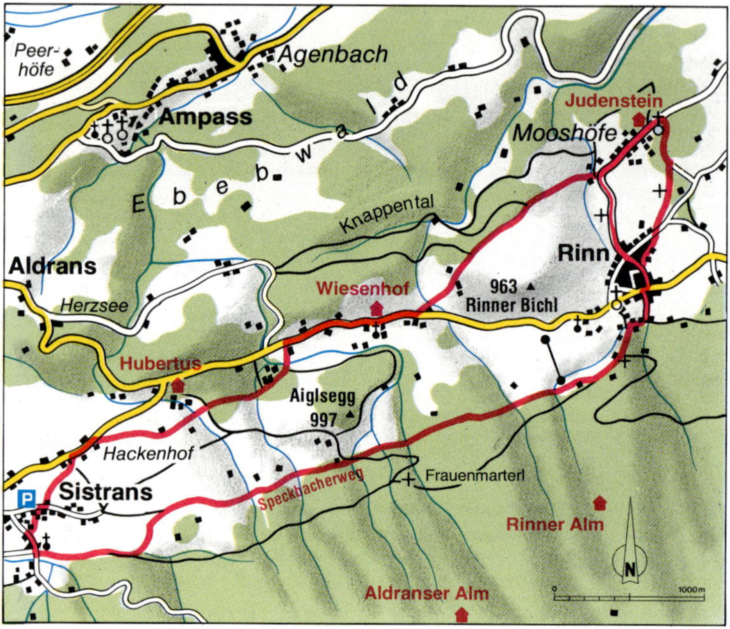

Talort: Sistrans, 919 m, größeres Dorf am Oberrand des südlichen Innsbrucker Mittelgebirges; von Innsbruck über Aldrans und Lans auf guter Autostraße. Postauto von Innsbruck (Hauptbahnhof).
Ausgangspunkt: Ortsmitte Sistrans.
Parkmöglichkeit: Im Ort Sistrans.
Gehzeiten: Sistrans — Rinn 1 Std., Rinn — Judenstein ½ Std., Judenstein — Sistrans 1 Std.
Anforderungen: Ebene Spazierwege.
Höchste Punkte: Sistrans, 919 m, Rinn, 918 m.
Einkehrmöglichkeiten: Zahlreiche Gaststätten in den Ortschaften, die die Wanderung berührt; Ausflugsgasthöfe Judenstein und Wiesenhof.
Sehenswertes: Judenstein, 907 m, Wallfahrtskirche, basierend auf einer antisemitischen Ritualmordlegende, die als letzte ihrer Art bis 1985 aufrecht gehalten wurde; die Abschaffung durch den Innsbrucker Bischof führte beinah zu einem Volksaufstand in Rinn. Das „Anderle von Rinn", die Reliquie des angeblich ermordeten Knäbleins, ist eingemauert und nicht mehr zu besichtigen. Zahlreiche bildliche Darstellungen.

Von Sistrans nach Rinn (Speckbacherweg): Wir gehen von der Kirche in Sistrans nach Süden aus dem Dorf bis zu einer Kapelle am Waldrand. Dort wenden wir uns nach links (ostwärts). Der Weg zieht nun stets in etwa gleicher Höhe oberhalb der Wiesen, teilweise im Wald, hinüber nach Rinn.

Von Rinn über Judenstein zurück nach Sistrans: Der Speckbacherweg (benannt nach einem der Tiroler Streiter im Kampf gegen die bairische Besatzungsmacht 1809) führt als Waldlehrpfad weiter zum nächsten Dorf östlich auf dem Mittelgebirge, Tulfes (½ Std.) Wir wenden uns aber nach Norden, durchqueren das Dorf Rinn und gehen auf der schmalen Fahrstraße durch die Wiesen zu dem nahegelegenen Weiler Judenstein, dessen zweifelhaftes Heiligtum in der letzten Zeit immer wieder für Aufregung im Volk gesorgt hat. Von Judenstein führt der mit Nr. 29 bezeichnete Weg sehr schön durch die welligen Wiesen und Felder des Mittelgebirges, durch kleine Waldstücke über den Wiesenhof, einen beliebten Ausflugsgasthof, zurück nach Sistrans. Die ganze Gegend weist ein dichtes und gut beschildertes Netz von Wanderwegen auf, so daß man ohne Schwierigkeit den beschriebenen Weg abändern oder erweitern kann.

Die Kirche von Judenstein.

39 Der Zirbenweg

Hochalpiner Spaziergang von Seilbahn zu Seilbahn

Tulfes — Tulfeinalm — Boscheben — Berghotel Patscherkofel — Igls — Tulfes

Talort: Tulfes, 923 m, Bauerndorf mit etwas Fremdenverkehr, südlich über Hall auf dem Mittelgebirge. Von der Autobahnausfahrt Hall 5 km. Postautoverbindung mit Innsbruck über Igls oder Hall.
Ausgangspunkt: Bergstation der Glungezerbahn (Sessellift), die in 2 Sektionen von Tulfes über Halsmarter, 1550 m, auf die Tulfeinalm, 2035 m, führt.
Parkmöglichkeit: An der Talstation der Glungezerbahn.
Gehzeiten: 2—3 Std., wenn man auf dem Zirbenweg zurückgeht, nochmals ebensolange.
Anforderungen: Bequemer, gut bezeichneter Gehweg.
Höchste Punkte: Tulfeinalm, 2035 m, Rote Wand, 2073 m.
Einkehrmöglichkeiten: Am Anfangs- und Endpunkt der Wanderung.
Sehenswertes: Der Zirbenweg ist ein einmaliger Hochlagen-Lehrpfad durch die urtümliche Vegetation an der Waldgrenze mit Zirben, Alpenrosen usf.

Der Zirbenweg wurde erst vor 20 Jahren in die bis dahin ganz unberührte Landschaft der Waldgrenze zwischen Glungezer und Patscherkofel geschoben, die bis dahin höchstens manchmal ein Jäger betreten hatte. Der beiderseits des Weges unberührte lichte Zirbenwald, einer der größten Bestände der Ostalpen, bietet einen reizvollen Kontrast zur geballten Zivilisationslandschaft des Innsbrucker Beckens, das man von hier aus in seiner Gänze überblickt.

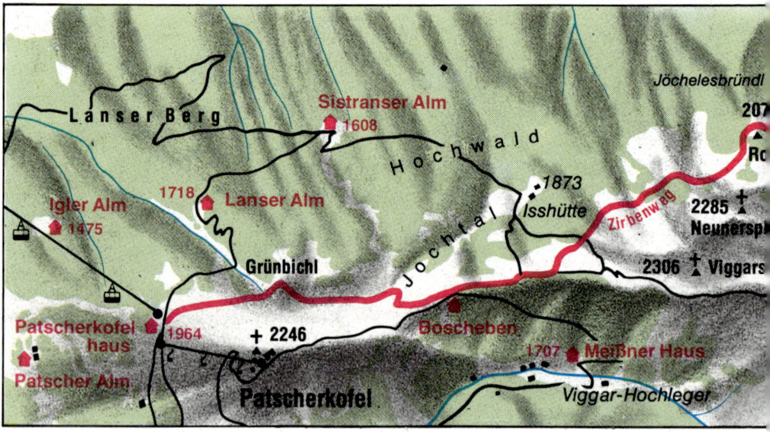

Zirben am Zirbenweg; Tiefblick ins Inntal.

Die gute Busverbindung zwischen den Talstationen der zwei Bahnen legt nahe, daß man die eine zum Aufstieg, die andere zum Abstieg benützt oder auch, wenn Zeit und Lust vorhanden, den Abstieg von der Patscherkofel-Bergstation über die Igler Alm und Heiligwasser zu Fuß unternimmt. Nicht weniger lohnend und wegen der geringen Höhenunterschiede auch nicht beschwerlich ist es, auf dem Zirbenweg wieder zurückzukehren.

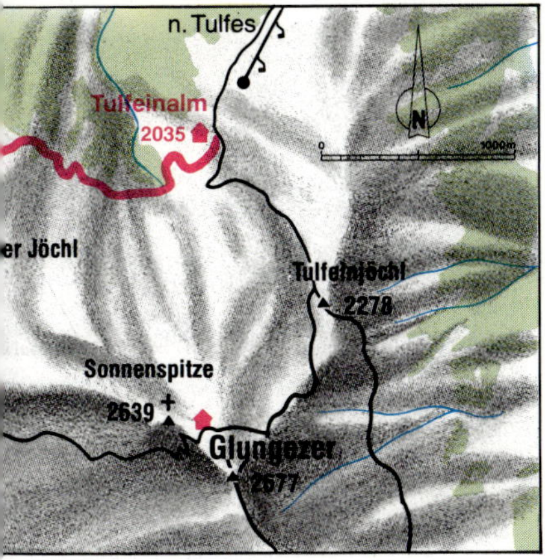

Als weitere Variante bietet sich die Überschreitung der runden, kahlen Kuppe des Patscherkofels (mit Fernsehturm und Wetterstation) an. Von der Höhe des Patscherkofels steigt man nach Westen ab und kehrt dann nordwärts zur Seilbahn zurück.

40 Patscherkofelhaus, 1964 m

Über die Almen

Rinn — Rinner Alm — Aldranser Alm — Sistranser Alm — Lanser Alm — Igler Alm — Patscher Alm — Hochmahdalm — Patscherkofelhaus

Talort: Rinn, 918 m, 8 km von der Autobahnausfahrt Hall in Tirol, Postautoverbindung mit Innsbruck über Hall oder Igls.
Ausgangspunkt: Ortsmitte Rinn.
Parkmöglichkeit: In Rinn.
Gehzeiten: Rinn — Rinner Alm 1 Std., Rinner Alm — Lanser Alm 1½ Std., Lanser Alm — Patscher Alm 1 Std., Patscher Alm — Patscherkofelhaus (an der Bergstation der Seilbahn) 1½ Std.
Anforderungen: Gut bezeichnete Almwege, Ausdauer erforderlich; in umgekehrter Richtung wesentlich weniger anstrengend.
Höchste Punkte: Hochmahdalm, 2040 m, Patscherkofelhaus, 1964 m.
Einkehrmöglichkeiten: Gastwirtschaften in allen Almen, an denen man vorbeikommt.
Sehenswertes: Eine Fülle reizvoller Nah- und Fernblicke.

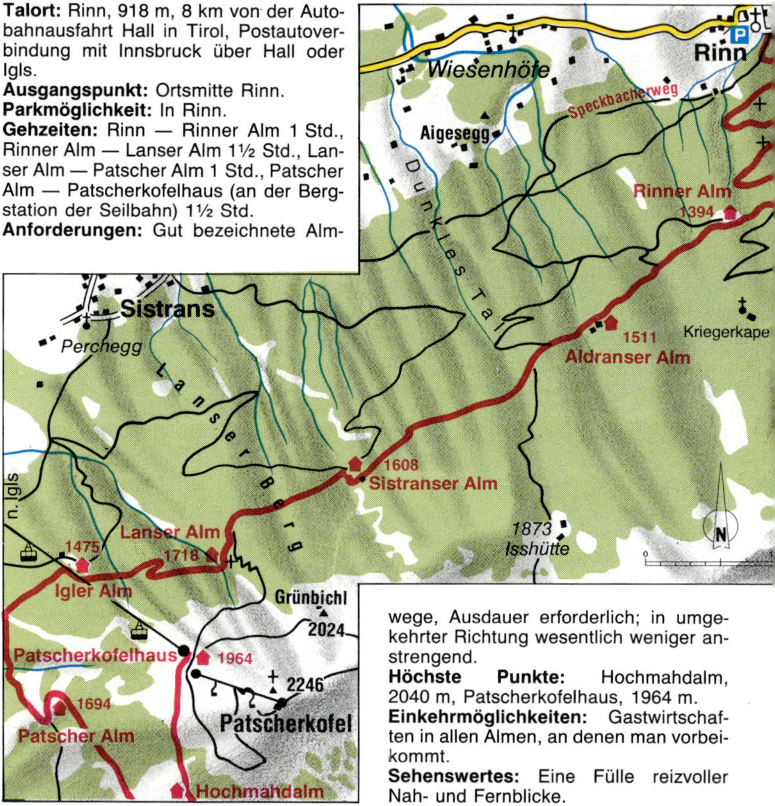

Diese Wanderung, die sich ungefähr mit dem sogenannten „Almweg 1600" deckt, ist hier im Sinne des Aufstiegs beschrieben; bequemere Zeitgenossen werden sie in umgekehrter Richtung begehen, wo sie nicht weniger

Der Patscherkofel von Westen, am linken unteren Bildrand (verdeckt) Patsch.

lohnend ist und man sich nicht um die letzte Talfahrt der Patscherkofelbahn bekümmern muß.

Der Weg über die Almen: Von der Kirche in Rinn an den südlichen Ortsrand (hier kreuzt man den Speckbacherweg). Abzweigung zur Rinner Alm kurz oberhalb des Ortes im Wald bei einem Wegkreuz. Der Bezeichnung 45 folgend zur Rinner Alm, 1394 m. Der Weg steigt von hier nur noch unwesentlich an und führt am Waldhang hinaus nach Westen über die Aldranser, Sistranser zur Lanser Alm, 1720 m (Bezeichnung Nr. 46). Von hier kann man in ½ Std. direkt zur Patscherkofel-Bergstation ansteigen.
Wir folgen unserem Almweg abwärts zur Igler Alm, über die die Gondeln der Patscherkofelbahn hinwegschweben. Kurz westlich der Alm stoßen wir auf den breiten Fahrweg zur Patscher Alm, 1694 m. Von der Patscher zur Hochmahdalm folgt noch ein etwas strengerer Anstieg, dann geht es eben zurück nach Norden zur Seilbahnstation. Das Postauto zurück nach Rinn fährt am Postamt Igls (Ortsmitte) täglich um 16.45 und um 17.45 Uhr ab.

41 Meißner Haus, 1707 m

Von der alten Römerstraße ins Viggartal

Ellbögen-St. Peter — Tarzens — Tarzner Berg — Meißner Haus — Mühltal — St. Peter

Talort: St. Peter, 1070 m, Ortsteil der ausgedehnten Gemeinde Ellbögen an den östlichen Talhängen des vorderen Wipptals. 4 km von der Autobahnausfahrt Patsch der Brennerautobahn. Postauto von Innsbruck. Malerisches bzw. fotogenes Kirchlein.
Ausgangspunkt: St. Peter, bei der Abzweigung der Fahrstraße nach Tarzens.
Parkmöglichkeit: In St. Peter; etwas beengt.
Gehzeiten: St. Peter — Meißner Haus 2—2½ Std., Rückweg 2 Std.; über die Profeglalm 2½ Std.
Anforderungen: Gut bezeichnete Almwege.
Höchste Punkte: Meißner Haus, 1707 m, Profeglalm, 1809 m.
Einkehrmöglichkeit: Meißner Haus (ganzjährig bewirtschaftet).
Sehenswertes: Die Zirbenwälder und Almböden des inneren Viggartals; die alten zusammengedrängten Bauernhöfe und Gasthäuser in Mühltal und St. Peter; die Pfarrkirche von St. Peter gegen die Nordkette, ein unversehrter Tiroler Anblick.

Ellbögen-St. Peter, Abendstimmung im Spätherbst.

Die älteste, schon zur Römerzeit als Straße ausgebaute Verkehrsverbindung über den Brenner führte von Matrei im Wipptal an der östlichen Talseite über die Ortschaften Pfons und Ellbögen (aus einer Reihe von Weilern bestehend) nach Patsch und über das Mittelgebirge weg nach Hall. Inzwi-

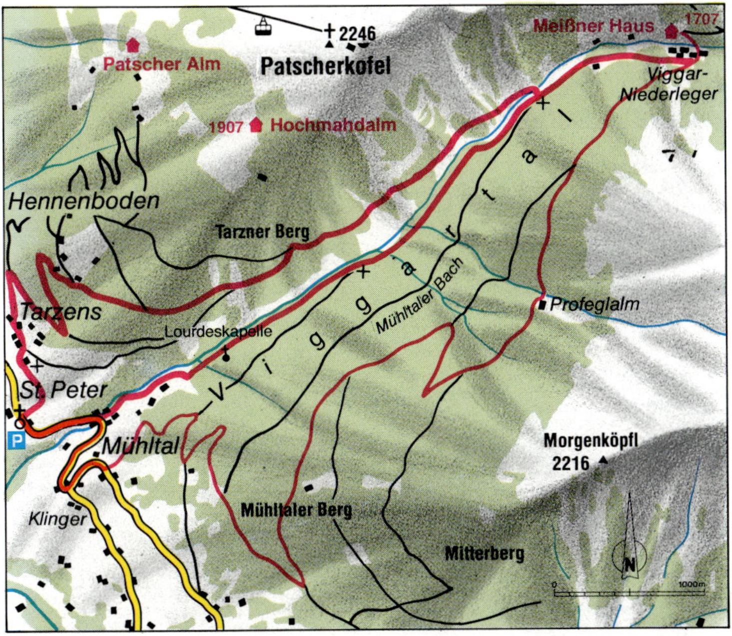

schen braust und donnert der internationale Personen- und Schwerverkehr auf der andren Talseite über die Brennerautobahn, die Ellbögener Straße ist ein stilles, sehr kurviges und unübersichtliches Sträßchen geblieben, wo man auf seltsame Begegnungen mit dem entgegenkommenden Postauto gefaßt sein muß.

Zum Meißner Haus: Von St. Peter auf der Straße durch die Wiesen hinauf zum Weiler Tarzens, von dort auf dem Forstweg in einigen Kehren durch den Wald hinauf; man trifft auf den „Almweg 1600“ und folgt ihm fast eben talein ins Viggartal, zuletzt dem Bach entlang zum Meißner Haus.

Möglichkeiten für den Rückweg: Am einfachsten folgt man dem Fahrweg durchs Tal hinaus, man trifft beim Weiler Mühltal auf die Ellbögener Straße, auf ihr kurz zurück hinauf nach St. Peter.

Eine etwas weitere Variante ist der Weg auf der Schattseite des Viggartals; vom Meißner Haus auf dem Weg Nr. 17 hinauf zur Profeglalm, 1809 m; Abstieg auf dem Almweg, dessen Kehren man zum Teil auf Fußsteigen abkürzt, hinunter nach Mühltal.

42 Mölsjoch, 2334 m, Schoberspitzen, 2448 m, Klammjoch, 2359 m

Bergbauernhöfe, Almen, kleine Seen

Navis — Liesn — Peeralm — Grafmartalm — Mölsjoch — Nördliche Schoberspitze — Klammjoch — Klammalm — Peeralm — Navis

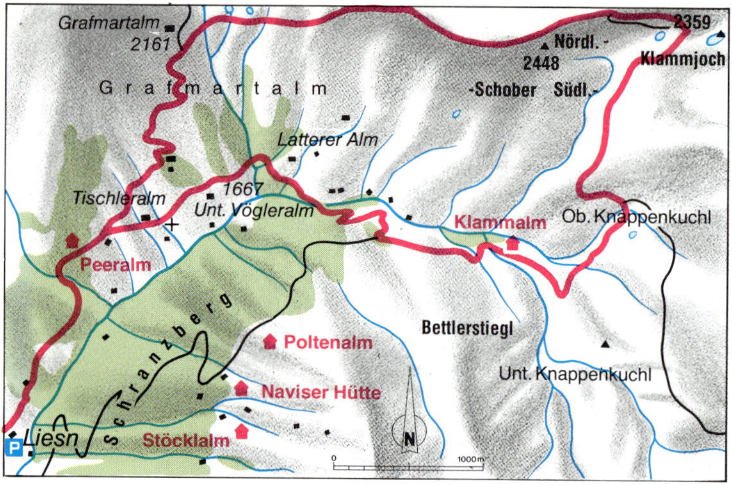

Talort: Navis, 1340 m, das gleichnamige Tal umfassende Gemeinde aus verstreuten Bergbauernhöfen und kleinen Weilern auf der Sonnseite; die Schattseite ist bewaldet und unbesiedelt. Ortszentrum ist Kohlstatt mit Kirche, Widum und Gasthöfen, 9 km von Matrei auf teilweise noch enger, kurviger, teilweise großzügig ausgebauter Straße. Postauto von Matrei.

Ausgangspunkt: Liesn, 1510 m, die letzten Höfe nordöstlich über Navis, gute Asphaltstraße: von der Kirche talein, kurz hinter dem Steinbruch nach links Brücke über den Bach und über die Wiesen hinauf.

Parkmöglichkeit: Geräumiger Parkplatz am Wandrand bei Liesn.

Gehzeiten: Liesn — Peeralm ½ Std., Peeralm — Grafmartalm 1½ Std., Übergang zum Klammjoch 1½—2 Std., Abstieg zurück nach Liesn 2—2½ Std.

Anforderungen: Gut bezeichnete Almwege. Beim Abstieg von der Mölser Sonnenspitze abschüssige Stellen. Man kann den Gipfel südseitig umgehen.

Höchste Punkte: Mölsjoch, 2334 m, Nördliche Schoberspitze, 2448 m, Klammjoch, 2359 m.

Einkehrmöglichkeiten: Peeralm, Klammalm.

Sehenswertes: Die zum Teil noch sehr urigen Bergbauernhöfe des Navistals; der eigentümliche Hintergrund des Tals mit den Tarntaler Bergen (geologisch interessant).

Am Eingang des Navistals.

Der Aufstieg zur Grafmartalm: Von den Höfen von Liesn nimmt man den Almweg zur Peeralm, am steilen Hang durch Wald und Wiesen in gleichmäßiger Steigung talein; Abzweigungen in den Talgrund (links) und zum Wetterkreuz, einem Aussichtspunkt (rechts), bleiben zurück. Von der Peeralm geht es nach links über die weiten freien Hänge und Böden ziemlich gerade hinauf zur Grafmartalm; in der Nähe hübsche kleine Seen.

Der Übergang zum Klammjoch: Von der Alm nicht weiter gerade, sondern nach rechts (ostwärts) über die Böden einwärts unter das Mölsjoch und auf dieses hinauf. Der nicht immer deutliche bezeichnete Steig hält sich nun auf der Kammhöhe; man überschreitet die Nördliche Schoberspitze und die Erhebung der Mölser Sonnenspitze, von der man kurz auf das Klammjoch absteigt, dem besten Übergang zwischen Wattental und Navistal; aus der Wattener Lizum, die als Militärübungsplatz sinnvolle Verwendung findet, führt eine Schotterstraße bis aufs Joch.

Der Abstieg nach Navis: Vom Joch vorbei am Klammsee über die weiten, teils sumpfigen Wiesenböden nach Südwesten hinunter zur Klammalm (Steig z. T. undeutlich, auf Markierung achten!), wo sich der Talgrund tiefer einzuschneiden beginnt. Der Weg zurück nach Liesn (Nr. 327) hält sich zunächst am südlichen Bachufer, wechselt aber bald auf das nördliche und quert am Sonnenhang stets leicht fallend talaus, bis man über die Peeralm den Aufstiegsweg wieder erreicht.

43 Naviser Kreuzjöchl, 2536 m

Im Herzen der Tuxer Voralpen

Navis — Naviser Hütte — Kreuzjöchl — Poltenalm — Naviser Hütte

Talort: Navis, 1340 m, siehe Tour 42.
Ausgangspunkt: Abzweigung des Fahrweges zur Naviser Hütte vom Talweg; von der Kirche in Navis noch etwa 1 km auf der Talstraße einwärts, bis der Fahrweg nach rechts in den Wald hinauf abbiegt (Wegweiser).
Parkmöglichkeit: An der Abzweigung.
Gehzeiten: Abzweigung — Naviser Hütte ½ Std., aufs Kreuzjöchl 2 Std., Abstieg über die Poltenalm zur Naviser Hütte 1½ Std.

Anforderungen: Gut bezeichnete Wege und Steige.
Höchster Punkt: Kreuzjöchl, 2536 m.
Einkehrmöglichkeiten: Naviser Hütte, Poltenalm.
Sehenswertes: Schöne Ausblicke auf den Tuxer Hauptkamm und die höchsten Erhebungen der Tuxer Voralpen, Geierspitze, Reckner und Lizumer Sonnenspitze, ein geologisch interessanter kleiner Gebirgsstock, aus den verschiedensten Gesteinsarten zusammengemischt.

Das hinterste Navistal bietet ausnehmend schöne und gar nicht allzu überlaufene Wanderungen; hier fehlen die eklatanten Natursensationen der vergletscherten Hochgebirge oder auch die schroffen Felsgestalten der Kalkalpen; der Zugang ist insbesondere seit Erbauung der Naviser Hütte (1974) sehr günstig, auch wird der friedfertige Naturfreund nicht — wie dies

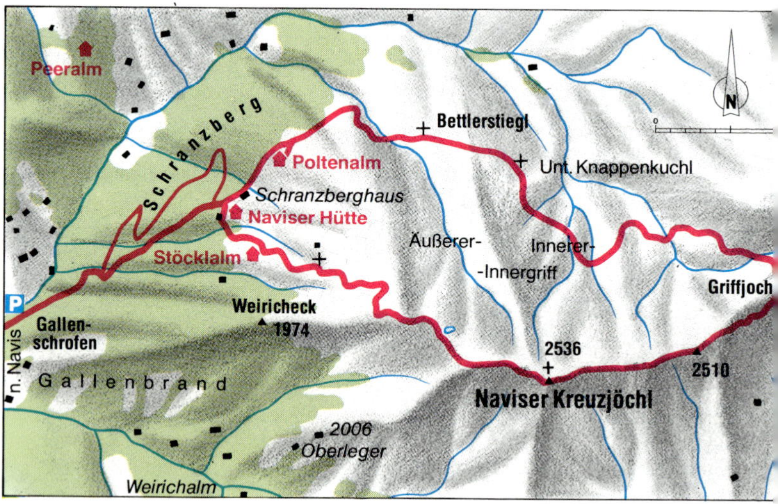

im Wattental leider der Fall ist — von Artillerieschießübungen und ähnlichen militärischen Extravaganzen beunruhigt.

Der Aufstieg auf das Kreuzjöchl: Von der Straßenabzweigung auf dem Fahrweg in einigen Kehren, die man zum Teil abschneiden kann, hinauf zur Naviser Hütte auf dem Schranzberg, 1777 m. Hier hält man sich rechts (südostwärts) über die Weiden der Stöcklalm, schließlich immer steiler empor auf den breiten begrünten Kamm, über den man allmählich zum höchsten Punkt gelangt.

Abstiegsmöglichkeiten: Entweder kurz am Aufstiegsweg zurück, dann rechts ab, durch die Nordflanke des Kreuzjöchls und zuletzt nach links hinaus über die Poltenalm (Gastwirtschaft) zurück zur Naviser Hütte.
Man kann auch den grünen Kamm weiter nach Osten bis aufs Griffjoch verfolgen, schon nahe an den Abbrüchen von Geier und Reckner, und von dort über die Böden der „Unteren Knappenkuchl" zur Poltenalm und Naviser Hütte absteigen.

Auf den grünen Böden der Knappenkuchl: Frühsommer.

44 Tuxer Joch, 2338 m, und Tuxer-Joch-Haus, 2310 m

Unter der Gefrorenen Wand

Kasern — Tuxer Joch — Tuxer-Joch-Haus und zurück

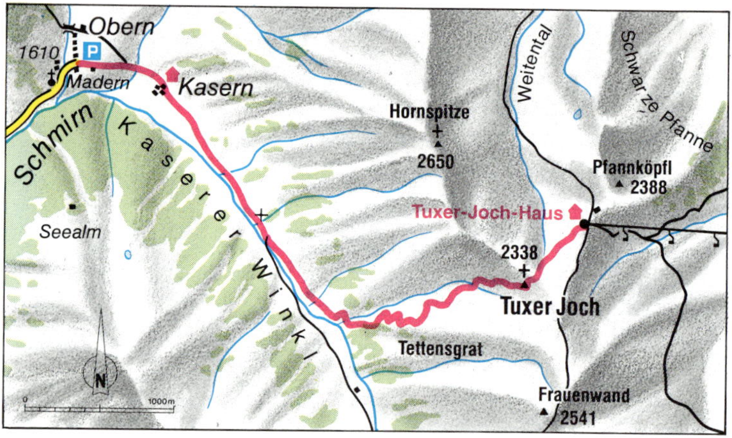

Talort: Schmirn, 1405 m, Ortschaft im gleichnamigen Tal, aus vielen Weilern und Einzelhöfen bestehend, wenig Fremdenverkehr, Zufahrt von Stafflach an der Brennerbundesstraße (5 km südlich von Steinach) über St. Jodok. Postautoverkehr von Steinach.
Ausgangspunkt: Kasern, 1620 m, die letzte Dauersiedlung im Schmirntal, ein im Sommer geöffnetes kleines Gasthaus; von hier Fahrverbot.
Parkmöglichkeit: Beim Ghs. Kasern.
Gehzeiten: Kasern — Tuxer Joch 2—2½ Std., zum Tuxer-Joch-Haus ¼ Std., Abstieg nach Kasern 1½ Std.
Anforderungen: Gut bezeichnete Wege und Steige.
Höchste Punkte: Tuxer Joch, 2338 m, Tuxer-Joch-Haus, 2310 m.
Einkehrmöglichkeiten: Ghs. Kasern, Tuxer-Joch-Haus.
Sehenswertes: Am Tuxer Joch stoßen die Tuxer Alpen an den Tuxer Hauptkamm der Zillertaler; wir befinden uns in unmittelbarer Nähe des vergletscherten Hochgebirges. Der Talgrund von Kasern (Kaserer Winkel) rechtfertigt schon für sich genommen einen Ausflug.

Bis zum Ortsteil Außerschmirn kommt man auf der schön ausgebauten Straße rasch voran, die erst 1970 die alte Talstraße von St. Jodok ablöste, auf der es Steigungen bis 30 % gab. Dann wird sie enger und kurviger, das Tal weitet sich noch einmal bei Toldern, wo man durch das nach Süden abzweigende Wildlahnertal einen ersten Blick auf Fußstein und Olperer er-

Kasern: die letzten Höfe im Schmirntal, gegen den Kleinen Kaserer.

hascht. Nach einem weiteren Engpaß kommt man dann nach Kasern, wo sich das Tal nach Süden wendet, ein weiter flacher Talschluß unter der dunklen Nordflanke des Kleinen Kaserer, ein kleines Gasthaus, ein paar verstreute Höfe, ein Wasserfall über die felswandsteile Talflanke.

Der Aufstieg zum Tuxer-Joch-Haus: Der Weg ist kaum zu verfehlen; wir gehen zunächst auf dem breiten Weg nach Süden talein, wo er endet, zweigt gut bezeichnet der Hüttensteig zum Tuxer Joch nach links ab und führt zuerst südlich, dann nördlich des Baches durch den vom Joch herunterziehenden Graben empor. Jenseits über die Hochfläche wenig absteigend zum Tuxer-Joch-Haus hinüber; von hier sehen wir in voller Pracht den Gletscher der Gefrorenen Wand, verziert von dem Hintertuxer Sommerskigebiet. Einer der Lifte führt auch zum Tuxer-Joch-Haus. Wer noch munter genug ist, dem sei empfohlen, auf dem Weg (Nr. 527) nach Süden in Richtung Steinernes Lamm/Geraer Hütte zur Frauenwand, 2541 m, hinaufzugehen.

Der Abstieg erfolgt auf gleichem Weg.

45 Glungezer, 2677 m

Auf dem Hausberg der Haller

Tulfeinalm — Schäferhütte — Glungezerhütte — Glungezer — Halsmarter — Tulfes

Talort: Tulfes, 923 m, Bauerndorf mit etwas Fremdenverkehr, südlich über Hall auf dem Mittelgebirge. Von der Autobahnausfahrt Hall 5 km. Postauto von Innsbruck über Igls oder Hall.
Ausgangspunkt: Bergstation der Glungezerbahn (Sessellift), die in 2 Sektionen von Tulfes über die Halsmarter, 1550 m, auf die Tulfeinalm, 2035 m, führt.
Parkmöglichkeit: An der Talstation der Glungezerbahn.
Gehzeiten: Tulfein — Glungezer 1½—2 Std., Abstieg nach Tulfes etwa 3 Std.
Anforderungen: Gut bezeichnete Wege und Steige.
Höchster Punkt: Glungezer, 2677 m.
Einkehrmöglichkeiten: Tulfeinalm, Glungezerhütte, Ghs. Halsmarter.
Sehenswertes: Die Zirbenbestände an der Waldgrenze. Vom Gipfel schöner Rundblick.

Das Glungezer-Gipfelkreuz.

Der Glungezer ist nicht nur seit Jahrzehnten ein besonders bei den Einheimischen beliebter Skiberg; die Besteigung ist auch im Sommer oder Herbst lohnend; die nur wenig unter dem Gipfel gelegene Hütte bietet Rast, Verpflegung und Unterkunft. Die Glungezerbahn verkürzt und erleichtert den Aufstieg (wenn man will, auch den Abstieg) ganz erheblich.

Von Tulfein auf den Glungezer: Der Weg führt von der Liftstation kurz hinüber zur Tulfeinalm und von dort südostwärts über die freien blockigen, mit Alpenrosen bewachsenen Hänge hinauf in eine Senke und zur Schäferhütte und hält sich dann auf dem breiten Nordostgrat zur Hütte. Von dieser in wenigen Minuten auf Steigspuren zum Gipfel (mit militärischer Luftüberwachungsstation). Man kann den Gipfel auch direkt erreichen, indem man sich bei der schwach ausgeprägten Wegteilung knapp unterhalb der Hütte links hält.

Abstieg nach Tulfes: Zurück zur Schäferhütte, wo sich die Wege teilen. Entweder auf dem Aufstiegsweg zurück nach Tulfein und im Bereich des Liftes hinunter nach Halsmarter und Tulfes. Oder man hält sich rechts und gelangt über dem Voldertal talauswärts absteigend nach Halsmarter. Von hier kann man auch in weiterem Bogen nach Norden ausholend über die Tulfer Hütte und das Windegg (Ausflugsgasthöfe) nach Tulfes absteigen.

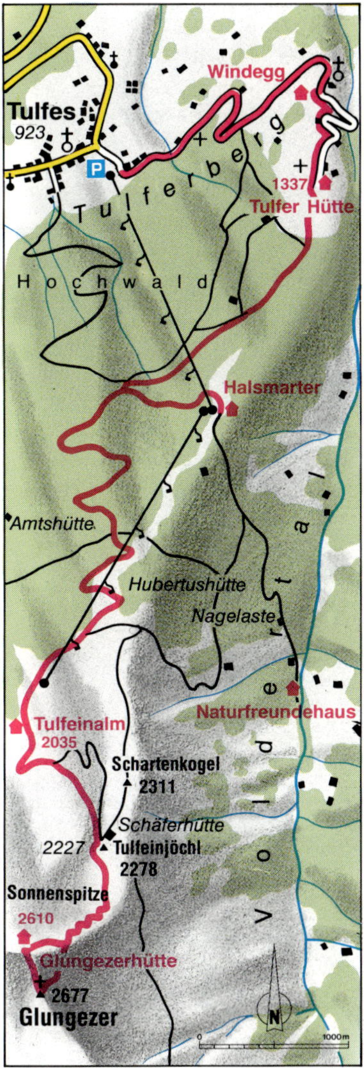

46 Voldertal

Spaziergang in ein stilles Waldtal

Volderwildbad — Naturfreundehaus Voldertal — Vorbergalm und zurück; evtl. weiter zur Steinkasernalm

Bergbauernhöfe im Voldertal.

Talort: Volders, 557 m, im Inntal an der Mündung des Voldertals. Südlich über dem Dorf, zu beiden Seiten des engen Tals, die Streusiedlungen von Klein- und Großvolderberg; an der Innbrücke das Servitenkloster mit der 1654 von Hippolyt Guarinoni erbauten, eigenartigen Kirche mit Fresken von Martin Knoller, 1767.
Ausgangspunkt: Volderwildbad, 1104 m, Gasthaus, früher viel besuchtes Bad, Ende der Fahrstraße.
Parkmöglichkeit: In Volderwildbad.
Gehzeiten: Volderwildbad — Vorbergalm 2 Std., zurück ebensolang; Vorbergalm — Steinkasernalm 1 Std.
Anforderungen: Gute Almwege.
Höchster Punkt: Vorbergalm, 1657 m, Steinkasernalm, 2002 m.
Einkehrmöglichkeiten: Alpengasthof Volderwildbad, Naturfreundehaus Voldertal.
Sehenswertes: Schlösser Friedberg und Aschach am Taleingang; schöner Talgrund mit Zirben und Almwiesen.

Eine Wanderung in das tiefe, eng eingeschnittene Voldertal bringt keine besonderen Aufregungen mit sich, es ist vielmehr ein beschaulicher Gang in einen der ruhigeren Winkel des Landes. Interessantes Detail aus der Geschichte: Der Haller Stiftsarzt Dr. Hippolyt Guarinoni, der nebenbei ein eifriger Botaniker war und sich auch als Verfasser dickleibiger und sehr moralisierender Werke und Architekt betätigte, unternahm im Jahr 1609 mit seinen Bekannten aus Hall eine große Bergpartie ins Volder- und Wattental. Sie übernachteten auf der Stiftsalpe oberhalb von Volderwildbad, durchwanderten das ganze Voldertal, stiegen dann wahrscheinlich über die (Naviser) Sonnenspitze ins Mölstal hinüber und erreichten noch am selben Tag das Wattental und über den Vögelsberg wiederum die Stadt Hall; eine beachtliche Leistung, nicht nur für die damalige Zeit. Guarinoni entdeckte und beschrieb den Blauen Speik (primula glutinosa).

Der Weg ins Voldertal: Vom Volderwildbad über die Stiftsalm-Niederleger und -Oberleger bis zum Naturfreundehaus verläuft der Weg im Talgrund. Der alte Almweg bleibt auch weiter dort; die auf dem östlichen Hang über dem Tal gelegene Vorbergalm erreicht man auf dem Fahrweg vom Naturfreundehaus oder, indem man vom alten Weg etwas talein von der Vorbergalm zu dieser ansteigt. In einer weiteren Stunde von der Vorbergalm liegt im Talschluß die Steinkasernalm, 2002 m. Sind Ausdauer und genügend Zeit vorhanden, kann man die Wanderung, weiterhin auf gutem Steig, bis auf die Naviser Sonnenspitze fortsetzen (Ww.).

Abstieg auf gleichem Weg.

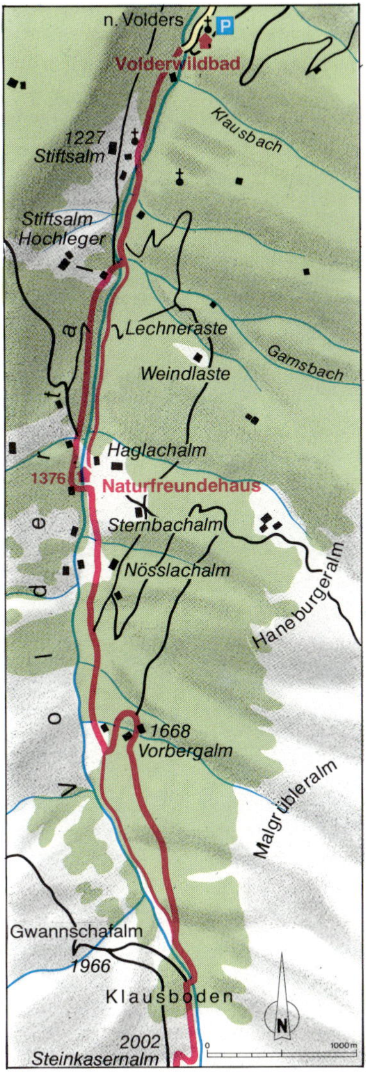

47 Hippoldspitze, 2643 m

Auf der Wasserscheide zwischen Inn- und Zillertal

Walchen — Melangalm — Krovenzjoch — Hippoldspitze — Lizumer Hütte — Walchen

Talort: Wattens, 567 m, Industrieort am Ausgang des Wattentals in das Inntal; südlich über dem Ort Wattenberg und Vögelsberg.
Ausgangspunkt: Walchen, 1402 m, Militärlager im hintersten Wattental, von hier ab Fahrverbot. 12 km Straße von Wattens über Wattenberg, vom Ghf. Säge an Schotterstraße, Vorsicht auf entgegenkommende Militärfahrzeuge! Ghf. Walchen, etwas oberhalb des Lagers an der Straße, sporadisch bewirtschaftet.
Parkmöglichkeit: Beim Fahrverbot vor dem Lager Walchen.
Gehzeiten: Walchen — Hippoldspitze 3 Std., Hippoldspitze — Lizumer Hütte 1 Std., Lizumer Hütte — Walchen 1 — 1½ Std.
Anforderungen: Bezeichnete Wege und Steige; im obersten Teil weglos, ohne Schwierigkeiten.
Höchste Punkte: Krovenzjoch, 2450 m, Hippoldspitze, 2643 m.
Einkehrmöglichkeiten: Ghf. Walchen, Lizumer Hütte, einige Gasthöfe an der Straße von Wattenberg nach Walchen.
Sehenswertes: Die weiten Almböden der Wattener Lizum, eingerahmt von den eigenartigen Felsformen von Kalkwand, Reckner und Lizumer Sonnenspitze.

Blick ins Wattental.

Der Aufstieg zum Hippold: Bevor die Straße beim Lager Walchen über den Bach setzt, zweigt links der „Lizumer Zirbenweg" ab. Ihm folgt man taleinwärts durch Wald bis auf die Wiesen der Innermelangalm. Hier links ab und an mehreren Almhütten vorbei über die Wiesen des Nieder- und Hochlegers der Außermelangalm zur Waldgrenze und weiter, stets auf markiertem Steig, auf das Krovenzjoch (auch „Grafensjoch"), 2450 m, nördlich der Hippoldspitze. Von hier über den Schuttgrat zum höchsten Punkt.

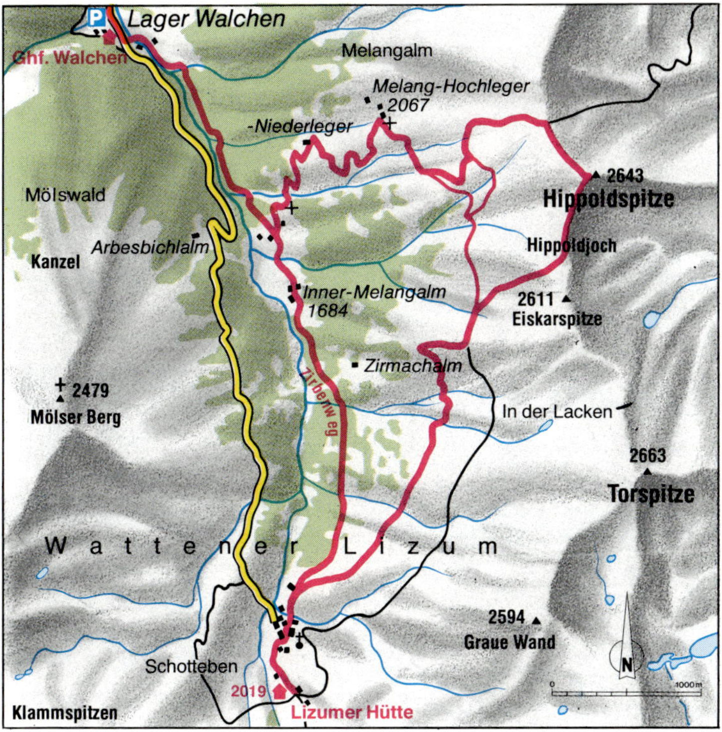

Der Abstieg in die Wattener Lizum: Vom Hippold nach Süden in das Hippoldjoch. Von hier weglos über Almwiesen nach Westen, bis man auf den markierten Steig trifft, der südwärts hinein in die Wattener Lizum (Alm und Militärlager) führt. Die Lizumer Hütte befindet sich kurz südlich davon.

Rückweg nach Walchen: Entweder auf der Schotterstraße talaus nach Walchen; schöner ist der Rückweg über den Lizumer Zirbenweg; stets an der östlichen Talseite hinaus zur Innermelangalm und nach Walchen.

Anmerkung: Diese Wanderung befindet sich nicht im unmittelbaren Bereich des Truppenübungsplatzes. Trotzdem sei an dieser Stelle vor den im Bereich der Wattener Lizum herumliegenden Blindgängern von Schießübungen gewarnt. Allenfalls aufgefundene Geschosse nicht berühren, Lageort markieren und auf den Hütten oder bei der Gendarmerie melden!

48 Halslspitze, 2574 m

Die Grasberge der östlichen Tuxer Alpen

Innerst — Nafinghütte — Nafingalm — Halslspitze und zurück

Gasthaus Innerst.

Talort: Weerberg, 882 m, weitverstreute Ortschaft am Mittelgebirge über dem Inntal bei Weer / Pill, Zufahrt von Pill auf guter Straße, mehrere Gasthöfe; alte gotische Kirche St. Peter und Paul, neue stattliche zweitürmige Kirche.
Ausgangspunkt: Innerst, 1283 m, kleiner Weiler mit Gasthof, letzte Siedlung am Weerberg, über dem Zusammenfluß von Weerbach und Nurpensbach; teilweise schmale Straße von Mitterweerberg über Innerweerberg.
Parkmöglichkeit: Beschränkte Parkmöglichkeit beim Ghs. Innerst.
Gehzeiten: Innerst — Nafinghütte 1½—2 Std., Nafinghütte — Halslspitze 2 Std., Abstieg nach Innerst 3½ Std.
Anforderungen: Gute Almwege, das letzte Stück Steigspuren.
Höchster Punkt: Halslspitze, 2574 m.
Einkehrmöglichkeiten: Ghs. Innerst, Nafinghütte.
Sehenswertes: Die Bergbauernhöfe und Almen des Weertals; von der Halslspitze schöner Ausblick auf die Zillertaler Alpen.

Von Innerst zur Nafinghütte: Vom Wirtshaus Innerst geht man kurz ostwärts hinunter zum Nurpenbach, überquert ihn und steigt jenseits im Wald

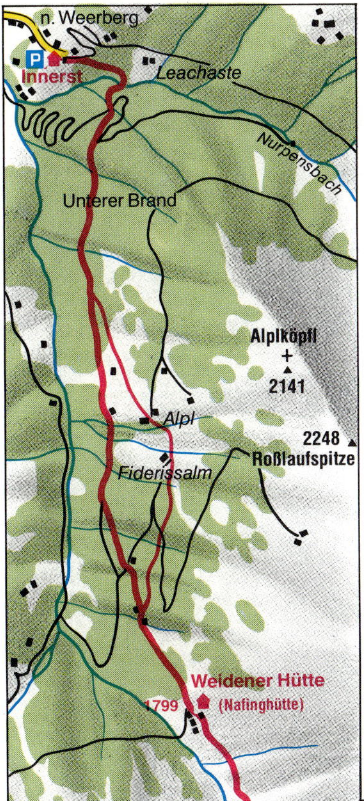

wieder kurz an, bis man auf den breiten Fahrweg trifft, dem man bis zur Nafinghütte (auch Weidener Hütte) folgt. Als anregende Variante bietet sich der Fußweg über Alpl und Fiderißalm, 1742 m, zur Hütte an, der bei einem Bildstock nach etwa 1 km von dem Fahrweg nach links abzweigt und kurz unterhalb der Hütte wieder auf den breiten Hüttenweg trifft. Die Nafinghütte am Nafing-Unterleger ist ein gemütlicher kleiner Holzbau aus der Zeit vor dem Ersten Weltkrieg.

Aufstieg zur Halslspitze: Von der Hütte nach Süden auf dem Almweg zur Nafingalm und weiter einige Kehren in Richtung auf das Geiseljoch aufwärts. Nach der letzten Kehre zweigt der Fußsteig nach links steiler gegen die Kammhöhe in Richtung Nafingjoch ab (knapp südlich der Halslspitze). Der Steig umgeht die Halslspitze im Süden in Richtung auf Rastkogel und Nurpensjoch; der Gipfel ist von Südwesten ohne Schwierigkeit über die Kammhöhe zu ersteigen.

Der Abstieg erfolgt auf gleichem Weg.

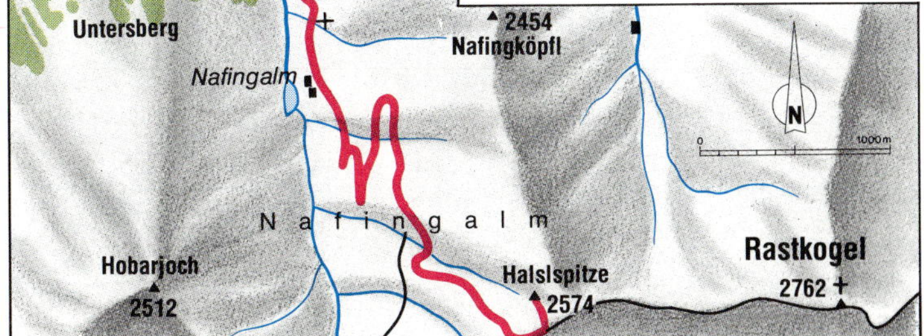

49 Gilfert, 2506 m

Große Rundtour über dem Unterinntal

Weerberg — Hausstatt — Loassattel — Kleiner Gamsstein — Großer Gamsstein — Gilfert — Nonsalm — Hausstatt

Talort: Weerberg, 882 m, siehe Wanderung 48.
Ausgangspunkt: Hausstatt, 1215 m, Gasthof in der Weerberger Fraktion Zalln, zu Fuß von Mitterweerberg in 1 Std. Die Fahrstraße zweigt etwa 2 km hinter der Kirche nach links ab.
Parkmöglichkeit: Beim Ghf. Hausstatt.
Gehzeiten: Hausstatt — Loassattel 2 Std., Loassattel — Gilfert 2½ Std., Abstieg zur Hausstatt 2 Std.
Anforderungen: Durchwegs bezeichnete Wege und Steige; die Wanderung erfordert Ausdauer.

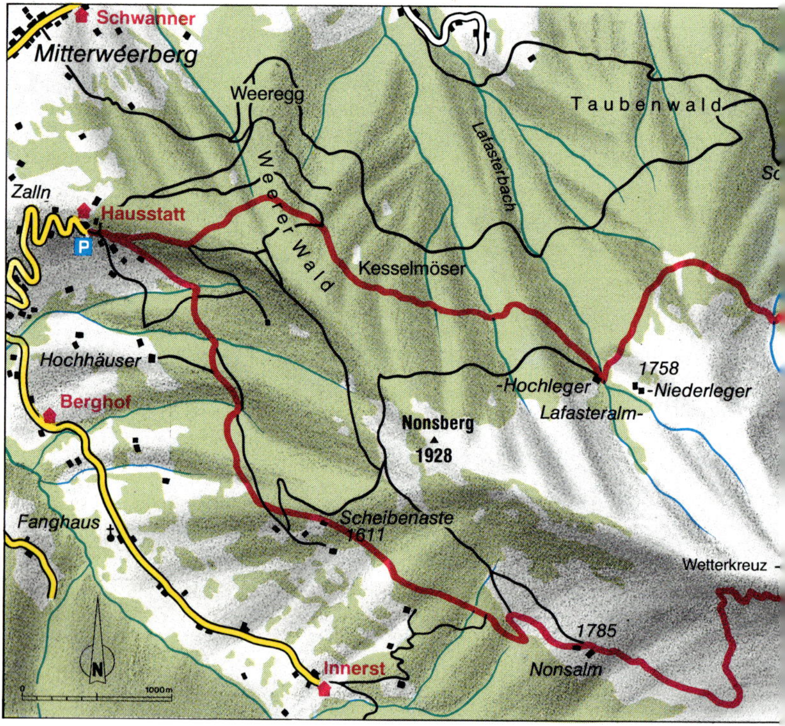

Höchste Punkte: Kleiner Gamsstein, 1924 m, Großer Gamsstein, 2142 m, Gilfert, 2506 m.
Einkehrmöglichkeiten: Ghf. Hausstatt, Gamssteinhütte und Wirtshaus Loas am Loassattel.
Sehenswertes: Vom Gilfert schöner Blick auf Unterinntal und Karwendel. Im Winter ist der Gilfert (von Innerst) einer der beliebtesten Tiroler Skitourenberge. Überall um Weerberg gibt es schöne alte aus Holz gebaute und mit Schnitzereien verzierte Bergbauernhöfe. Die kleinen steilen Wiesen vermitteln einen Eindruck von Müh und Plage dieser alpinen Wirtschaftsform.

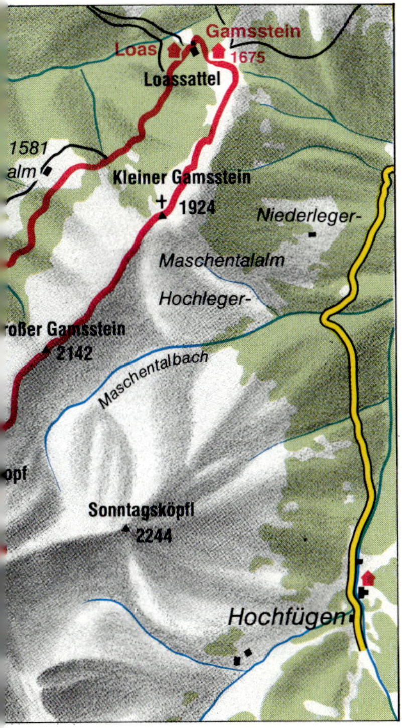

Von der Hausstatt auf den Loassattel: Der mit der Nr. 5 bezeichnete Weg leitet zunächst als Fahrweg von der Hausstatt in Kehren zum Wald empor und trifft auf einen weiteren Fahrweg; man nimmt den Fußweg gerade ostwärts in den Wald hinauf. Dieser Weg leitet über mehrere Bäche hinweg in der Nordflanke des Gilfert zur Lafaster Alm, 1758 m; weiter, nun mit Nr. 18 bezeichnet und sich gegen Nordosten wendend, vorbei an der Schneebruggalm auf den Loassattel, mit dem Wirtshaus Loas und der Gamssteinhütte. Eine kürzere Variante der Wanderung von der Lafaster Alm über den Nonsberg und zurück zur Hausstatt ist dem nebenstehenden Kärtchen zu entnehmen.

Vom Loassattel auf den Gilfert: Von dem etwas höher gelegenen Gamssteinhaus, 1675 m, nach Südwesten über den freien Rücken, stets auf seiner Höhe, hinauf zum Kleinen Gamsstein, 1924 m, mit Kreuz. Der Weg leitet immer weiter auf der Kammhöhe über den Großen Gamsstein, 2142 m, und den Graukopf, 2254 m, einen nördlichen Vorgipfel des Gilfert, schließlich auf diesen.

Abstieg zur Hausstatt: Vom Gipfel nun nach Westen hinunter über die Block- und Wiesenhänge zur Nonsalm, 1785 m, und auf dem Almweg durch Wald und an kleinen Almen vorbei talauswärts zurück zur Hausstatt. Von der Waldgrenze unterhalb der Nonsalm kann man auch nach Innerst absteigen.

50 Kellerjoch, 2344 m

Aussichtsberg am Nordosteck der Tuxer Alpen

Kellerjochbahn-Bergstation — Bockstallweg — oberer Loasboden — Gartalm — Kellerjochhütte — Kellerjochgipfel — Arbeser — Kellerjochbahn

Talort: Schwaz, 539 m, alte, einst sehr reiche Bergwerksstadt. Im späten Mittelalter befand sich südlich der Stadt am Arzberg die größte Silbergrube Europas. Spätgotische Pfarrkirche, Franziskanerkloster mit Kreuzgang; Fuggerhaus. Über der Stadt, weithin sichtbar, der wuchtige Turm des Schlosses Frundsberg (oder Freundsberg).
Ausgangspunkt: Bergstation der Kellerjochbahn (Haus Bergland), 1887 m. Die Talstation befindet sich am südwestlichen Ortsausgang von Schwaz an der Bundesstraße.
Parkmöglichkeit: An der Seilbahn-Talstation.
Gehzeiten: Bergstation — Gartalm 2 Std., Gartalm — Kellerjoch 1½ Std., Abstieg zur Bergstation 1 Std.
Anforderungen: Bezeichnete Wege und Steige.
Höchste Punkte: Kellerjochhaus, 2237 m, Kellerjochgipfel (Kreuzjoch), 2344 m.
Einkehrmöglichkeiten: Haus Bergland, Gartalm, Kellerjochhütte.
Sehenswertes: Schöner Rundblick auf Karwendel, Tuxer und Zillertaler Alpen.

Das Kellerjoch ist ein altberühmter Aussichtsberg; man befindet sich trotz der eher bescheidenen Gesamthöhe (verglichen mit den umliegenden Gipfeln) immerhin 1800 m über dem Wasserspiegel des Inn. Der Tiefblick in

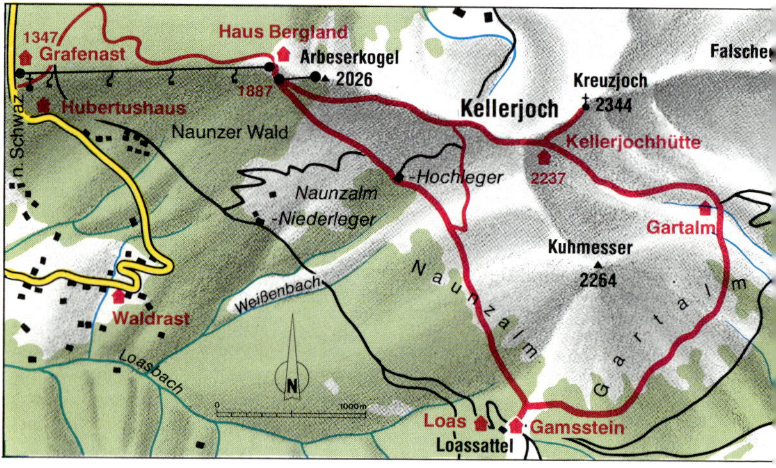

Blick von Norden auf das Kellerjoch.

das breite Inntal, über dem die hellgrauen Grate und Kare des Karwendel aufragen, ist zuerst am anziehendsten; noch eindrucksvoller ist aber wohl das Gipfelmeer der Hohen Tauern, der Zillertaler und Stubaier Alpen, das sich in weitem Halbkreis von Osten über Süd bis Westen erstreckt.

Von der Seilbahnbergstation aufs Kellerjoch: Wir wählen die sogenannte kleine Route, die mit etwa 4 Stunden Gehzeit immer noch ausgiebig genug ist. Von der Bergstation auf dem Bockstallweg nach Süden zur Naunzalm (Hochleger) westlich unter dem Kellerjoch; man steigt nun nicht zum Loassattel ab, sondern umrundet das Kellerjochmassiv im Süden in einem Bogen und gelangt wieder ansteigend zur Gartalm, von wo man direkt zur Kellerjochhütte aufsteigt. Von der Hütte führt ein gut angelegter Steig, dem Gratverlauf folgend, zum höchsten Punkt, wo eine Kapelle steht.

Abstieg: Kurz zurück zur Hütte, nach Westen über die Kammhöhe absteigen zum Arbeser (Schleppliftbergstation) und weiter zur Liftbergstation, die etwa 200 m tiefer liegt. Es ist auch möglich, auf Waldwegen nach Grafenast (Mittelstation, 1347 m) und weiter nach Schwaz abzusteigen.

Stichwortverzeichnis

Die gerade gesetzten Zahlen hinter den Begriffen sind Tourennummern; die in Klammern gesetzten sind Seitenzahlen. Bezeichnungen wie Hohe, Niedere, Große, Kleine usw. sind nachgestellt.

Absam 17
Adelshof (**13**)
Adolf-Pichler-Weg 13
Adolf-Pichler-Hütte 26
AK-(Alpenklub-)Scharte 27
Aldrans 37
Aldranser Alm 40
Almweg 1600 40, 41
Alpensöhnehütte 17
Alpenzoo (**10**)
Alter Schießstand (Ghs.) (**10**)
Ambras, Schloß 37, (**11**)
Arbeser 50
Arzl (**11**)
Arzler Alm 12
Arzler Scharte 12
Aschach 46
Auffindungskapelle 33
Außerschmirn 44
Axamer Lizum 28
Axams 28

Bärenbad (**14**)
Bachwandkopf 3
Bauhof 21
Bergheim in der Fotsch 24
Bergisel (**11**)
Bergland (Ghs.) (**10**)
Bettelwurfhütte 16
(Villa) Blanka (**10**)
Blaser 34
Blaserhütte 34
Bockstallweg 50
Bodensteinalm 11
Boscheben 39
Brandjoch, Vorderes 9
Bretterkeller 37
Büchsenhausen (**10**)
Burgstall, Hoher 31
Burgstall, Kleiner 31
Buzzihütte (**10**)

Dortmunder Hütte (**14**)
Dr.-Siemons-Weg 23

Ehnbachklamm (**9**)
Eichhof (**13**)
Elferhütte 32
Ellbögen 41
Enzianhütte 14
Erlspitze 6

Falzturntal 21
Fiderißalm 48
Fiecht 21, (**12**)
Flaurling 2
Flaurlinger Joch 2
Fotsch 24
Fragenstein (**12**)
Fragenstein (Ghs.) 6
Franz-Senn-Weg 26
Frauenwand 44
Frau Hitt 9
Frau-Hitt-Sattel 9, 10
Friedberg 46
Froneben 31, (**14**)
Frundsberg, Schloß 50, (**15**)
Fulpmes 31
Furggesalm 24

Gallzein (**17**)
Galtalm 31
Gamsstein 49
Gamssteinhütte 49
Gartalm 50
Garzanhof 13, 14
Gfass 22
Gilfert 48
Gleierschjöchl 12
Gleinser Höfe 33
Gleinser Mähder 33, (**12**)
Glungezer 45
Glungezerbahn 39, 45
Glungezerhütte 45
Gnadenwald 18, (**15**)
Goetheweg 12
Grafenast 50, (**17**)
Grafmartalm 42
Gramartboden 8
Graukopf 49
Grawa-Wasserfall (**12**)
Gries im Sellrain 23
Grinzens 25
Gschnitz 35

Hablerberg 34
Hafelekar 10
Hall in Tirol 15, (**10**)
Halltal 15, 16
Halsl 28
Halslspitze 48
Halsmarter 39, 45
Harmeler 4
Hausstatt 49
Hechenberg 7
Heiligwasser (**17**)
Herrenhäuser 15
Herzebenalm 32
Herzsee (**14**)
Hinterhornalm 17, 18
Hippoldjoch 47
Hippoldspitze 47
Hirschkopf 20
Hoadl 28
Hochmahdalm 40
Hochtennboden 28
Hochtennspitze 28
Hochzirl 5, 6, 7
Hötting (**10**)
Höttinger Alm 9, 11
Höttinger Bild 8
Hundskopf 18
Hungerburg 9, 13

Igler Alm 40
Igls 39
Ilmspitzen 35
Im Zwerchloch (Jagdhaus) 19
In der Au (Jagdhaus) 19
Innerst 48
Innerthal 36
Innsbruck (**10**)
Innsbrucker Höhenweg 16
Innsbrucker Hütte 35
Ißanger 15, 16
Issenangeralm 32
Ißjöchl 15, 16

Jägerhof (Ghs.) (**17**)
Judenstein 38, (**17**)

Kaisersäule 14
Kalkwand 35
Kalvarienberg (Zirl) 5
Karalm 32
Karwendelrast 19, 20
Kaserjoch 21
Kaserl 25
Kasern 44
Kaserstattalm 31
Kastenalm 36
Kellerjoch 50
Kellerjochbahn 50
Kellerjochhütte 50

Kemater Alm 26, 27
Kerschbuchhof 8
Kirchberger Alm 7
Klammalm 42
Klammjoch 42
Knappenhütte 31
Kogelmoos (**17**)
Kohlstatt 42
Kolsaß (**17**)
Kolsaßberg (**17**)
Koppeneck 33, (**17**)
Kranebitten 8
Kreither Alm 30
Kreuzjoch (Kellerjoch) 50
Kreuzjoch (Schlick) 31
Kreuzjöchl, Naviser 43
Krimpenbachalm 22
Krovenzjoch 47
Kühtai (**16**)

Lafaster Alm 49
Lafatscher Joch 15, 16
Längentaler Alm 23
Lans (**14**)
Lanser Alm 40
Lanser Köpfe 37
Lanser See 37, (**14**)
Latte 7
Leithen 5
Lichtsee 36
Liesn 42
Lisens 23, (**16**)
Lizumer Hütte 47
Lizumer Zirbenweg 47
Loas (Whs.) 49
Loassattel 49
Lottensee 1

Magdeburger Hütte, Neue 7
Mannlscharte 12
Mariahilf (**5**)
Maria Waldrast 33, (**11, 17**)
Martinswandgrotte (**12**)
Matrei am Brenner 34, (**11**)
Mauern (**12**)
Maximiliansbrünndl 17
Meißner Haus 41
Melangalm 47
Melansalm 19
Mieders 33
Mischbachwasserfall (**12**)
Mölsjoch 42
Möserer See 1
Mösern 1
Möslalm 10
Mühlauer Klamm 13
Mühlkarlscharte 12
Mühlsee 37, (**14**)
Mühltal 41
Mutterbrunnenquelle 34
Mutterer Alm 29
Mutters 29
Mützens 34

Nafingalm 48
Nafinghütte 48
Nafingjoch 48
Naturfreundehaus (Birgitz-köpfl) 29
Naturfreundehaus (Voldertal) 46
Naudersalm 21
Navis 42
Naviser Hütte 43
Naviser Kreuzjöchl 43
Neue Magdeburger Hütte 7
Neustift im Stubai 32, (**12**)
Nisslsteig 11
Nockspitze 29
Nonsalm 49
Nordkettenbahn 9
Nördlinger Hütte 4
Nurpensjoch 48

Obergasse 32
Obernberg 36
Obernberger See **(12)**
Oberperfuß 22
Ochsenhütte 33, (**16**)
Ochsenkaralm 21
Ochsenwand, Große 27
Ochsenwand, Kleine 27

Patscher Alm 40
Patscherkofel 39
Patscherkofelbahn 39
Patscherkofelhaus und -hotel 39, 40
Peeralm 42
Peter-Anich-Hütte 3
Pfarrachalm 30
Pfeishütte 12
Pfriemesköpfl 29
Pfriemeswand 29
Pill 48
Pinnisalm 32
Pinnisjoch 35
Pinnistal 32
Plattenalm 21
Poltenalm 43
Profeglalm 41
Purenhof 13

Raitiser Alm **(16)**
Ranalt (16)
Rangger Köpfl 22
Rauher Kopf 2
Rauschbrunnen 8
Rechenhof 13, (**14**)
Reith bei Seefeld 4, 5
Reither Jochalm 4
Reither Spitze 4
Rietz 3
Rietzer Grieskogel 3
Rinn 38, 40
Rinner Alm 40
Rizuelhals 21
Romedikirchlein 13
Rosnerweg 13
Roßhütte 4
Roßkogelhütte 22
Rotenbrunn 13
Rote Wand (Zirbenweg) 39
Rum 14
Rumer Alm 12, 14

Saile 29
Salfeins 25
Salfeinsalm 25
Schäferhütte 45
Schafleger 24
Scharnitz 10
Scheipenhof (**16**)
Schlick 31
Schloßbachklamm (**12**)
Schluimessattel 34
Schmirn 44
Schneebruggalm 49
Schoberspitzen 42
Schönblick (**14**)
Schranzberg 43
Schwaz 50, (**11**)
Seefeld 1, (**10**)
Seefelder Jöchl 4
Seegrube 9
Seejöchl 26
Sellrain 24
Sendersjöchl 26
Senderstal 25
Siebenbrunnenquelle 34
Sieben Wege 13, 14
Sillschlucht (**12**)
Sistrans 38
Sistranser Alm 40
Solnalm 6
Solsteinhaus 6

Speckbacherweg 38
Speckkarspitze 15
St. Georgenberg 21
St. Jakob (**12**)
St. Jodok 44
St. Magdalena 15
St. Martin im Gnadenwald 18
St. Nikolaus (**10**)
St. Peter (Ellbögen) 41
Stallenalm 21
Stallenrast 21
Stallental 21
Stams (**11**)
Stangensteig 8
Starkenburger Hütte 31
Steinach am Brenner (**11**)
Steinkasernalm 46
Steinkogel 26
Stiftsalm 46
Stiglreith 22, (**16**)
Stockerhof 30
Stöcklalm 43

Tarzens 41
Tarzner Berg 41
Telfes 30
Telfeser Wiesen 30
Thaur 13, (**14**)
Thaurer Alm 14
Thaurer Schloß 13
Thierburg (**16**)
Toldern 44
Trinser Steig 34
Trunajoch 36
Tulfeinalm 39, 45
Tulfes 39, 45
Tunigskar 10
Tuxer Joch 44
Tuxer-Joch-Haus 44

Umbrüggler Alm 11

Villa Blanka (**13**)
Vintlalm 14
Vögelsberg 47
Volderberg 46
Volders 46
Voldertal 46
Volderwildbad 46
Vomp 19
Vomper Berg 19, 20
Vomper Joch 19
Vomper Loch 19
Vorbergalm 46

Walchen 47
Walder Alm 18
Walderbrücke 17
Walderhorbalm 20
Waldrast 33
Waldraster Jöchl 33
Wandlalm 17
Wattenberg 47
Wattener Lizum 47
Wattens 47
Weerberg 48
Weidener Hütte 48
Weiherburg (**13**)
Weng 21
Westfalenhaus 23
Widdersberg 2
Widdersbergsattel 28
Wiesenhof 38, (**17**)
Wildmoosalm 1
Wildmoossee 1
Wilten 37, (**10**)
Windegg (**15**)
Winklerhütte 17
Wolfsklamm (**12**)

Zalln 49
Zirbenweg 39
Zirl 5

NOTIZEN